두 논문 :
좌표와 휴지기

두 논문 :
좌표와 휴지기

월프레드 비온 지음
홍준기 옮김

Two Papers : The Grid And Caesura

두 논문 : 좌표와 휴지기
Two Papers : The Grid And Caesura

초판 1쇄 2019년 12월 31일

지은이 | 윌프레드 비온
옮긴이 | 홍준기

펴낸이 | 김영남
편집 | 공윤조
펴낸곳 | (주)눈출판그룹

출판등록 | 2015년 7월 31일 제399-2015-000017호
주소 | 경기도 남양주시 수동면 외방로 135번길 24
전화 | 1661-4310
팩스 | 031-511-4749
이메일 | nungroup@daum.net
홈페이지 | www.nungroup.co.kr

값 20,000원
ISBN 979-11-88466-11-5(93180)

파본이나 잘못된 책은 바꿔드립니다.

 이 도서의 국립중앙도서관 출판시도서목록(CIP)은 e-CIP 홈페이지(www.nl.go.kr/ecip)에서 이용하실 수 있습니다(CIP 제어번호: CIP2019047100).

차례

좌표

The Grid

THE GRID
좌표

	Definitory Hypo-theses 정의적 가설 **1**	*ψ* **2**	Nota-tion 표기 **3**	Atten-tion 주의 **4**	Inquiry 탐구 **5**	Action 행동 **6**	**...n.**
A ß-elements 베타 요소들	A1	A2				A6	
B *α*-elements 알파 요소들	B1	B2	B3	B4	B5	B6	...Bn
C Dream Thoughts Dreams, Myths 꿈사고, 꿈, 신화들	C1	C2	C3	C4	C5	C6	...Cn
D Pre-conceotion 전개념화	D1	D2	D3	D4	D5	D6	...Dn
E Conception 개념화	E1	E2	E3	E4	E5	E6	...En
F Concept 개념	F1	F2	F3	F4	F5	F6	...Fn
G Scientific Deductive System 과학적 연역체계		G2					
H Algebraic Calclus 대수학적 연산							

일러두기 | 본문 중에 [ ]의 내용은 독자의 이해를 돕기 위한 역자의 첨언입니다.

좌표Grid는 임상 정신분석가의 사용을 위한 도구이다. 그것은 분석 회기 동안에 사용되기 위해 고안된 것이 아니다.

왼쪽의 수직축은, 진술이 어떤 종류의 것이든 그 진술이 위치되어야 하는 범주의 명칭이다. 이 범주는 발달 상태developmental status를 지시한다.

수평축은 진술의 사용[방법]을 근접적으로approximately 진술하기 위한 것이다. 따라서 두 축은 함께, 진술에 관한 정보의 포괄적 범위를 함축하고 있는 범주를 지칭한다. 나는 베타요소와 알파요소 – [그러나] 이것들 중 어떤 것도 실제적이거나 관찰 가능하지 않다 – 에 해당하는 두 행을 포함시키는 것이 유용하다고 생각해왔다. 베타요소의 행은 사고thought와 관련되어 있지만 사고는 아닌, 미리 숙고할 수 없었던 타격과 같은 요소들의 범주화를 위한 것이다. 다음 행 C는 꿈, 신화, 서사, 환각과 같은 감각적, 주로 시각적 이미지로써 종종 표현될 수 있는 사고의 범주들을 위한 것이다. 명백히 이 범주는 정신분석적 경험이 축적되어감에 따라 확장을 요구할 것이다. 심지어 지금도 그것은 정신분석적 사용에 적절하게 자신을 확대시키기 위해 자기 자신의 '좌표'를 가질 만한 자격이 있다.

나머지 좌표들의 사용은 이 논문이 진행되어 나감에 따라 더 분명해질 것이다. 그러나 G행과 H행에 대해 미리 언급하면 좋을 것 같다. 이 행들은 현실 속에서 어떤 근접화approximation도 가질 수 없다고 말할 수 있다. G는 정신분석적 연역 체계가 발달되어야만 사용 가능한 범주일 것이다. 그리고 H는 [수학에서의] 대수학적 체계와 대등한 체계가 발달되어야 사용 가능한 범주다. 항상 그랬듯이, 그것이 시기상조적으로 발달하지 않기를 희망해야 한다. 시기상조적 발달은 성숙 이후의post-mature 발달에 귀찮은 장애물이 될 수 있기 때문이다. 임상 정신분석가 또는 이론 정신분석가가 이미 활용할 수 있는 것을 못보게 될 수 있다는 것이다.

F행은 이미 존재하는 진술들, 정식화들을 위한 범주를 표현하기 위한 것이다. 그 속에는 정신분석 이론들, (과학적 관찰을 정식화하기 위한 진정한 ㅅ도로, 적어도 현재로서는 받아들여질 수 있는 것으로 이미 수용된, 소위 자연법칙에 관한 이론들과, 다른 구성물들과 같은) 과학적인 그러나 비정신분석적인 이론들이 위치될 수 있다.

수평축은 '사용use'과 관련해 동일한 도식을 수행한다고 가정된다. 첫 번째 열은 원시적인 것이든 정교한 것이든 정의적 가설들 – 이 가설들을 위치시키는 것이 적절하다고 생각되는 행에 의해 표현되는 정의적 가설들 – 을 위한 것이다. 정의적 가설들에 대해서는 그것들이 항상 부정적 요소를 전제한다고 말해야 합당하다. 즉, 나는 본 논문이 요리나 측정에 관해서가 **아니라** 좌표가 무엇**인지**에 대해 설명하는 논문이라고 말할 수 있다는 것이다. 등등. 마찬가지로, 내 주장이 아무리 틀렸다고 할지라도, 또는 다른 누군가에게는 그것이 측정(요리 또는 그 밖의 다른 것)에 관한 것**이라**는 것이 명백하다고 할지라도, 그것들에 관한 정식화는 [정의석 가설에 관한] 이러한 논의 또는 어떤 논의 – [논의의] 옹호자가 [그 논의가 옳다는 것을 보이기 위해] 정의를 정식화한 – 에도 적합하지 않다. 그것의 옳고 그름은 다른 요소들과 그것이

맺고 있는 관계의 기능이다. '우리는 해가 뜰 때 출발할 것이다'가 '우리의' 출발 시간에 관한 정의적 가설을 말하는 것이라면, 천문학자가 그것을 천문학적으로 오류라고 생각할 것이라는 것은 논박 불가능한 사실이다. 또는 신학자는 그것이 '오만'을 드러내는 진술이라고 생각할 것이다. [그러나] 이러한 것들이 정의적 가설이 오류라는 것을 증명하는 것은 아니다. 이것이 정의적 가설에 대한 나의 정의이며, 정의로서 그것은 변화에 종속되지 않는 명령dictate이다. 그러나 이 논문의 나머지 부분과, 그것의 요소들이 범주화될 수 있는 여러 방법은 정의적 가설과 양립 불가능하다는 비판을 받을 수 있다.

2열은 자기 자신의 '좌표grid'로 확장될 것을 요구한다는 점에서 C행과 유사하다. 나의 원래 생각은 2열이 피분석자와 분석가 둘 다에게 거짓이라고 알려져 있는 명백히 잘못된 진술들을 위한 일련의 범주들을 제공해준다는 것이었다. 그러나 거짓말이 무엇을 위해 사용되었는지를 고찰하는 것이 필요하리라는 것이 곧 분명해졌다. 그리고 '거짓말'은 논점 회피question-begging이며, 아마도 오해를 불러일으키는 용어라는 점이 즉시 분명해졌다. 나는 멜라니 클라인이 나와의 사적 대화에서 거짓말쟁이는 치료가 불가능하다고 말한 것을 기억한다(그녀는 한 번 이상 그러한 견해를 표현했다). 나는 그것이 정확한 정보에 의존해야 하지만 통상적으로 그리고 지속적으로 잘못된 정보를 얻게 되는 정신분석가에게 치명적인 약점이라는 것을 알 수 있었다. 그러나 나는 그러한 형태의 행동에 의해 그것[거짓]의 존재를 드러내는 것은 일종의 깊은 장애일 수 있다고 말했다. 실제로 투사적 동일화에 관한 클라인의 이론 그 자체도 분석 과정에서 일련의 거짓말하는 진술로서 제시될 수 있다. 거짓말하는 진술과 잘못된false 진술을 구별해야 할 필요성이 있다는 것이 분명해졌다. 잘못된 진술은 '진리'를 알 수 있는 자신의 능력에 대해 확신할 수 없다고 느끼는 인간 존재, 분석가 또는 피분석자 둘 다의 비적합성(한계, inadequacy)과 관련되어 있다. 그리고 거짓말쟁이는 우연히 실수로 진리를 만나지 않기 위해, 이를 확실하게 만들기 위해, 진리에 대해 자신이 알고 있는 어떤 지식을 확신하는 사람이다. 간단히 말하면, 어떤 진술의 '사용'은 임상 정신분석가가 자신이 얻은 증거 – 그 증거가 자신 앞에서 펼쳐질 때 – 를 평가하기 위한 본질적 특징이라는 것이다. 당분간 이 문제를 떠나기 위해, 다음과 같이 가장 간략하게 말하고자 한다. 2열은 피분석자에게 오류false라고 알려진 요소들과 관련된다. 파국적 변화catastrophic change를 포함해 자신의 인성에서의 어떠한 발전의 시작에도 반대하는, [피분석자가] 간직하고 있는 귀중한 진술이다. 불만족스러운 지점에서 현재로서는 논의를 중단해야 한다.

3, 4, 5열은 상대적으로 단순하다. 3열은 프로이트가 「정신적 기능의 두 원칙」에서 말한 바 있는 기억과 표기notation라는 개념에 근접한다. 4열은 주의attention – 자유롭게 떠다니는free floating 주의 – 에 더 근접한다. 5열은 어떤 특수한 대상에 더 많이 집중한다. 자신의 일정을 조정하는 데 주의를 집중하는 정신분석가는 어떤 특수한 것에 자신의 주의를 향하게 한다. 의심의 느낌에 의해 지배되는 환자는 마찬가지로 특수한 사람이나 사물에 자신의 주의를 집중할 것이다. 3, 4열, 그리고 5열은, 기억과 욕망으로부터, 더욱 극단적인 특수성에 대한 떠다니는 일반적 주의까지를 포괄하는 주의의 영역(a spectrum of attention from memory and desire to floating, general attention to a further extreme of particularity)으로 간주하면 편리할 것이다. 오이디푸스 이론과 같은 이론을 지지하는 것처럼 보이는 재료에

집중할 때의 정신분석가의 경험, 또는 자신[환자]이 경탄의 대상이 되고 있다는 생각을 반박하거나 확증하려고 하는 환자의 경험이 좋은 예이다.

6열은 서로 연관되어 있는 사고들, 또는 행동으로 변형된 사고들을 범주화하기 위한 것이다. C행과 2열처럼 이 범주는, 정신분석가가 자신의 정신분석적 문제에 대해 사고하는 것을 해명하는 데 도움이 될 수 있는 도구들을 발전시킬 때 내재해 있는 어려움들을 즉시 예시해주는 범주이다. 나는 내가 행동화acting out를 위치시킬 수 있는 어떤 범주를 발견하기를 원한다. 처음에 그것은 도움이 되는 것처럼 보이지만, 그것의 단점들을 증명하는 데는 많은 시간이 걸리지 않는다. 실제로 나는, 좌표를 사용하려고 할 때 생겨나는 최초의 재난은 좌표 그 자체라고 말할 수 있다. 그럼에도 불구하고 좌표의 사용은 나로 하여금 나의 작업에 대한 비판적인, 그러나 정보를 제공해주는 계몽적 태도를 유지하는 것을 용이하게 해주었다. 이러한 측면에서 좌표는 나에 관한 한 유용했다. 그리고 나는 다른 사람들이 자기 자신의 좌표 체계를 개발하고 적용하는 것이 유익할 수 있다고 생각하게 되었다. 시간이 지나면 누군가가 더 일반적으로 수용될 수 있는 체계를 발전시키고 이로부터, 특수한 형태의 어려움에 적합한 – 상이한 분과 학문과 아마도 상이한 국가들에 적합한 – 좌표들의 형성으로 나아갈 수 있을 것이다.

해결되어야 할 첫 번째 어려움은 6열과 A행(베타요소들)의 관계가 무엇인가라는 것이다. 문제는 결코 사고thought가 아닌 범주를 포함시킬 것인가에 있다. 데카르트가 자신의 철학적 회의라는 개념을 전개하면서 사고하는 사람의 필요성을 의심하는 데 실패했다면(이는 정신분석에 의해 해결되어야 할 오류라고 나는 확신한다), 나는 이에 상응해 정신분석가들은 사고 없는 인(격)성이 존재한다는 믿음을 가져야 한다고 생각한다. 정신분석 임상에서 환자가 종종 '아무 생각이 없다', 또는 '아무 생각도 안 한다'고 말한다는 것을 모든 사람이 알고 있다. 저항 또는 부인이 여기에서 작동하고 있다는 통상적인 가정은 너무나 자주 그 가치를 인정받는 이론이기 때문에, 설득력 있는 증거 없이 달리 가정하는 것은 위험하다고 생각된다. 그러나 나는 정신분석가들은 적어도 확신에 대해 개방적이어야 한다고 생각한다. [그러나] 만일 그러한 확신들을 유지하는 것이 유용하다면, 베타요소 행의 존재는 그러한 확신들을 위한 여지를 남겨 놓는 것처럼 보인다. 6행 범주는 반대로 사고인 어떤 것(something which by contrast is thought)을 위한 것이다. 사고가 행동으로 즉시 변형된다고 할지라도 말이다. 또는 사고가 – 부정적 능력에 대한 키츠Keats의 정식화를 뒤집어 말하면 – '사고를 위한 대체물로 사용되는 행동 – 사고의 서막prelude to thought으로 사용되는 행동은 아닌 행동' – 으로 변형된다고 할지라도 말이다.

키츠는 행동의 대체물로서의 사고와 반대되는 성취의 언어language of achievement에 도달하기 위해 본질적인 [능력, 즉] 절반의 진리half-truths와 신비를 견딜 수 있는 능력에 대해 이야기한다는 것을 기억하기를 바란다. 이렇듯 A행과 6열을 구분하는 것은 정신분석적 경험의 평가를 위해 잠재적으로 도움이 되는 것 같다. 피분석자와 분석가가 정신분석적 실천에 몰두하고 있는 분석 회기 이외의 상황들에서 사용된다면 말이다. C행과 마찬가지로 6열 범주들도 자신의 범주를 위해 하나의 좌표 체계a grid system를 사용함으로써 확장될 수 있다. 이제 나는 내가 좌표the Grid를 사용하는 방법들에 대해 예시할 것인데, 이는 추가적인 설명보다 더 효율적일 수 있을 것 같다.

첫째, 나는 C행 구성물들의 몇몇 예를 제시할 것인데, 그것들을 선택한 이유는 그것들이 생생한 회화적 성질을 갖고 있기 때문이다. 그것들은 잘 알려져 있으며, 그 중 첫 번째 예는 프로이트 자신의 유명한 선택인,

1) **오이디푸스 신화**다. 그것은 잘 알려져 있기 때문에 나는 그 이야기의 중심적 특징을 구성한다고 통상적으로 간주되는 인물들 – 옛 왕, 그의 부인인 요카스테스와 오이디푸스 – 에 덧붙여, 테레시아스와 스핑크스가 행하는 역할을 강조하는 것 외에 오이디푸스 신화의 설명을 위해 따로 시간을 내지 않을 것이다.

2) BC 3500년 경, **우르의 왕의 무덤**Royal Cemetry at Ur에서 왕은 휴식을 취하기 위해 매장되었다. 대영박물관과 펜실베니아 대학교 박물관의 공동 탐험에 의해 수행된 발굴 작업을 통해 그 장면을 재구성해보면, 국왕의 궁전의 저명한 인사들이 특별히 준비된 구덩이로 행진하는 것이 매장 의식에 포함된다. 거기에서 그들은 화려한 보석과 옷을 입고, 아마도 대마초로 추측되는 마취성 약을 먹었다. 그러고 난 후 음악이 울리고, 구덩이는 그곳의 여러 위치에 있는 사람들과 함께 흙으로 채워졌다.

무덤을 위해 선택된 장소는 도시의 쓰레기 더미였다. 당시 수행되었던 마술이 선택된 땅을 성화시킨다고 사람들은 생각했다. 그리하여 마술은 그 장소에 쌓여 있는 실제 쓰레기를 덮어줄 뿐만 아니라, 다음 견해(그러한 견해가 존재했다면), 즉 인간의 잔해는 쓰레기이며 쓰레기 처분을 위한 적절한 장소는 쓰레기 더미라는 견해를 덮어준다overlay고 당시 사람들은 생각했다. 성화santification는 자기 자신의 죽은 쓰레기를 마술적으로 소유할 수 있도록 해주는 휴식의 장소를 찾았던 사람들을 위해 그 땅을 욕망할 만한 것으로 만들어주었다. 그 후 성화된 장소는 그 장소를 욕망할 만한 것으로 만들어준 성스러움과 함께, 시간이 지남에 따라 자신의 가치를 상실하게 되었다. 계속적으로 매장이 이루어지면서 그 장소는 속화되었고 마침내 이전의 사용으로 되돌아갔기 때문이다.

약 500년 후에 다른 종류의 행렬이 동일한 장소에서 행해졌다. 정신분석이 고고학과 유사한 테크닉을 발전시키지 않았다면 우리는, 아브라함의 도시인 우르의 궁정 대신들이 그 죽음의 구덩이로 걸어 들어가서 마취약을 먹고 죽을 때 그들의 마음과 정신 속에 무엇이 있었는지 알지 못했을 것이다.

3) 제3왕조 동안 아주 활동적이 되었던 **약탈자**의 정신 속에 무엇이 있었는지 추측하는 것은 더 쉬울 것이다. 당시로서 500년은 긴 시간이 아니었다. 부를 소유하고 있던 궁전 대신들로 하여금 왕을 따라가도록 선택하게 만들었던 정신적 분위기는 완전히 사라질 수 없었고, 따라서 무덤 도굴꾼들은 그들이 모험을 하는 동안 사자死者의 영혼들을 만날 수 있다는 두려움을 떨쳐버릴 수 없었다. 왕의 애도자들은 종교, 의식, 마술, 마약의 힘을 증명했다. 약탈자들은 이득의 힘을 증명했으며, 우리는 아마도 그들에게 과학적 명예의 전당에서 높은 지위를 부여해야만 할 것이다. 그들은 마술, 종교, 사자의 소유물로 일반적으로 간주되었던 영역에서 과학의 선구자들인 셈이다.

이러한 재구성은 합동 탐험에 대한 고고학적 보고에 따른 변형으로서, 이에 따라 우리는 두 개의 시각적 이미지, 즉 매장과 약탈에 대한 언어적 보고를 구성할 수 있었다. 나는 매장을 A로, 약탈을 B로 변형한다. 나는 두 이미지 A와 B를 사용해 정신분석가가 활동하는 영역 전체를 표현해보고자 한다. A와 B가 표현하는 시각적 이미지들은 그림을 구성하는 요소들에 일정 정도의 엄격

성과 부동성을 부여한다. 그런데 내가 이미지들을 분해하면 disarticulate 그것들을 구성하는 요소들이 자유로워지며, 이제 패턴들 – 우리가 과거에 질서가 존재하지 않았던 곳에 패턴을 부과하면, 이 패턴이 질서를 등장시켰다 – 은 일관성 없는 요소들이 된다. 이러한 복잡성에 질서를 도입하는 것들이 무엇인지 주목할 만하다. 나는 이 두 사실을 비교적 의미 있는 방식으로 분리시키는 500년의 간극을 도입함으로써 이 일을 했다. 질서가 이미 알려져 있는 것에 많은 것을 덧붙이지 않는 것처럼 보이지만 질서가 도입되었다. 내가 도입한 사실은 요소들을 둘로 나눈다는 생각이다. 즉, BC 3500년에 발행한 요소들과 BC 3000년에 발생한 요소들로 말이다. 요소들을 분리시키고, 그것들을 각각 BC 3500년과 BC 3000년이라는 이름이 붙은 두 범주 또는 집합으로 나누는 것이 요소들을 의미 있는 meaningful 것으로 만든다.

분리와 선택을 가능케 해주는 도구로서 시간 개념을 도입함으로써 생겨난 범주화는 이러한 종류의 사고 훈련을 낳는다. 확실하게 죽음으로 이끄는 행동을 할 수 있도록 집단을 강제할 수 있으려면, 감정적·문화적·종교적 힘이 얼마나 강해야 하는가? 죽음의 구덩이로 행진해 들어갔던 남녀들의 죽음만큼이나 우리에게 위험한, 그리고 우리의 후손들에게 명백한 사실을 모호하게 만들고 은폐할 수 있는 동등한 힘이 오늘날에도 작동하고 있는가? 아이는 자신의 삶에 위험한 어떤 일을 할 수 있다. 우리가 그것을 무지 때문이라고 가정하면, 그것은 옳은 가정인가? 아이를 확실히 죽음으로 이끌어나는 것이, 무지보다 더 역동적인, 알려지지 않은 어떤 것이라고 우리가 가정한다면 그것은 옳은 것인가? 민족의 유아기의 무지가 우르의 궁전 대신들의 죽음을 설명하기에 충분한가? 또는 '무지'는 충분히 역동적인 힘을 지적하거나 지시하지 못하기 때문에 우리가 그 이름 – 예컨대 '종교'와 같은 – 을 요구하는 어떤 힘이 존재하는가?

이에 상응해, 우리는 BC 3000년의 집단이 무덤 도굴꾼들의 공포를 능가할 만큼 강한, 부를 얻을 수 있다는 기대감의 힘을 증명한다고 보아야 하는가? 내가 말했듯이 500년이라는 공간은 고대 궁전 대신들의 죽음의 행렬을 낳았던 힘들에 대한 공포를 눈에 띄게 약화시킬 만큼 충분히 길지 않았을 것이다. 그러한 살해적 힘들에 용감하게 맞서기 위해 필요한 용기는 어떤 용기인가?

또는 단순히 이익에 대한 사랑 때문인가? 도둑들은 그 사건이 발생한 지 500년 후에 자신들로 하여금 여왕의 무덤을 발견하기 위해 그렇게 정확하게 땅 속으로 발굴 기둥을 내릴 수 있도록 해주었던 지식을 어떻게 얻게 되었는가? 운이 좋았는가? 우리는 우리의 종교적 위계질서를 우르의 제사장들의 영적 유산들로 간주해야 하는가? 우리는 오늘날의 과학자들만큼이나 과학적인 과학의 선구자로서, 왕의 무덤들의 약탈자를 위한 기념비를 세워야 하는가? 또는 우리는 오늘날의 과학자들이 탐욕이라는 불명예를 얻을 만한 사람으로 간주해야 하는가? 집단 A는 모두 산 채로 매장되기 전에 다취약을 먹은 것처럼 보인다. 그것은 단지 대마초로 추정되는 약이었는가? 아니면 심지어 왕의 죽음 이전에도 작용하고 있던, '마약'이라는 이름을 붙일 만한 어떤 훨씬 더 강력한 힘이었는가?

집단 B가 먹었던 마약은 무엇이었는가? 그것은 탐욕이었는가?

4) **에덴동산**의 지식의 나무와 관련해 [신에게 귀속되는], 그리고

5) **바벨탑**의 건설에 관한 신화에서의 언어의 혼란에 의해 표

현되는, 신에게 귀속되는[신이 갖고 있다고 간주되는] 적대성에 대해 우리가 고찰한다면, 문제는 중요해진다. 이 논점, 그리고 다른 논점들은 우리가 전능성에 대해 고찰할 때 더 논의될 것이다.

번호를 붙여 표시한 이 다섯 개의 이야기는 언어적 미술관을 구성한다. 그것들은 (내가 일반적인 책 읽기로부터 얻을 수 있었던 아주 근소한 추가적인 것들을 제외한다면) 임상 정신분석과 이론적 정신분석이 교차하는 영역에서 나 자신이 볼 수 있었던 감정적 상황들의 거의 모든 측면을 위한 모델을 제공해준다.

우르에 대한 재구성은 레오나르드 울리 경Sir Leonard Woolley의 재구성에 근거한다. 나는 그것들이 정신분석이 낭만적일 만큼 원초적인, 따라서 압축된 용어로써 다루어야 하는 감정적 영역 전체를 편리하게 개관해준다고 생각한다. (역사 저자들은, 프로이트가 정신분석적 역사라는 것이 존재하지 않기 때문에 역사적 진리라고 불렀던 것을 재구성하면서 사람들을 제외시켰다. 그들은 왕자 없는 햄릿을 기술했다는 것이다. 이에 대해서는 Frederick Powicke, 『주군 에드워드The Lord Edward』를 참조하라.)

내가 언급한 다섯 이야기에 덧붙여 나는 「팔리누르스의 죽음

Death of Palinurus」(베르길리우스, 『아에네이드』 5권)을 포함시키고자 한다(p. 29를 보라).

선과 악을 나누는 종교적 정식화들은 동일한 신성deity 속에 거주하는 분할되지 않은 원리의 중요성을 갖고 있지 않다[알지 못한다]. 정신분석 임상에서 나는 감정적 경험은 항상 변화하는 감정적 경험의 패턴으로 식별될 수 있다고 확신한다. 정신분석가가 이러한 경험을 직관할 수 있는 자신의 능력을 발전시킨다면, 그는 고정적으로 결합되는 어떤 경험들이 존재하며, 이러한 고정적 결합들 그 자체도 반복되는 결합들로 경험된다는 것을 알 수 있게 될 것이다. 이러한 고정적 결합들은 일정 시간이 지난 후 감각적인 만화경적 변화로서 분석가에게 명확해진다(그가 확실성을 짜증날 정도로 추구하는 것을 거부한다면). 감각적 변화는 그의 모델들 중에서 C범주의 요소들과 유사할 것이다.

정신분석가는 자신이 회기들에서의 감정적 경험을 거슬러가면서까지 정교한 설명을 제시하기 위해 고통스럽게 노력해야 한다고 내가 제안하고 있다는 인상을 줄 수 있다는 것을 나는 알고 있다. 그러나 그것은 결코 사실이 아니다. 분석가의 자기 분석이 그로부터 기억과 욕망을 제거해야만 한다. C 범주에 속하는 감각적 요소들 – 신화, 이미지 등 – 을 분석가가 모으는 작업은 모든 정신분석 회기로부터 분리되어 수행된다. 비록 그것이 발생적으로는 회기에서의 작업과 관련될 수 있지만 말이다. 그러한 작업이 이루어지면 그가 이 C 범주에 속하는 요소들을 다시 모으는 작업을 얼마나 자주, 얼마나 다양하게 수행하는가는 중요하지 않다. 그가 자신으로부터 기억과 욕망을 제거하는 훈련을 행하고, 그가 그렇게 할 수 있게 되자마자 이해하고자 하는 자신의 성향을 자신으로부터 제거하는 훈련을 한다면 말이다. 다윈이 자신의 아내에게 '관찰하는 동안 추론하는reason 것은 치명적인 일입니다. 그것이 사전에는 아주 필요하며, 후에는 유용할지라도 말입니다'라고 말했을 때, 그는 이러한 훈련의 한 측면을 표현한 것이다. '이해'의 불투명성과, 정신분석가의 목표로서 그것의 필요성은 조숙함과 시기상조의 위험을 은폐하는 경향이 있다.[1)]

좌표를 더 많이, 또는 어떤 것을 더 효과적으로 연구하면 할

1) 이해는 원래 '불투명할' 수밖에 없으므로 이러한 '조숙한' 이해를 정당화하는 위험이 있다는 것임. – 역주

수록, 정신분석가가 자신의 직관 능력을 단순히 발전시키기만 해야 하는 것이 아니라, 그것을 잘 수리해서 보존할 필요가 있다는 것이 더 분명해질 것이다. 안과의사가 자신의 손의 작은 근육들을 완전한 질서 속에서 보존해야 하는 것과 마찬가지로 말이다. 이론이라는 무기로 무장했지만, 해석되어야 할 사실들에 민감하지 않으면 소용이 없다. 고전정신분석 이론들 – 클라인 이론이든 다른 이론이든 – 은 임상에서 어려움을 갖고 있지 않다. 정신분석가는 관찰되는 사실을 그것의 고유한 이름으로 불러야 한다는 프로이트의 원칙을 알고 있다. 그가 어떤 사실을 목격한다면, 그는 자신의 증거를 말해야 한다는 의무를 갖고 있다. 마찬가지로 그는 자신이 보지 않은 것을 보고해서는 안 된다. 그렇지 않으면 그는 사기죄를 범하는 것이다.

이러한 점들에 대해 논의하기 위해 나는 정신분석 강의에 정기적으로 참여했던 과거의 환자에 대해 보고하고자 한다. 나는 그것을 아주 복잡한 보고로서 범주화한다. 따라서 나는 그것을 F3으로 간주한다. 학교를 그만두고, 전망이 좋고 안정된 일을 가진 화학 연구원으로 회사에서 일하기 전까지 그는 학문적으로 성공적인 경력을 갖고 있었다. 그를 존경하는 친척이 분석비를 지불했다. 그는 정신분석 쪽 사람들과 꽤 친분이 있었고 나에 대해서도 조금 알고 있었다. 그렇지만 얼마나 많이 알고 있었는지 나는 모른다. 그는 카우치에 누웠고 침묵에 빠져들었다. 나는 기다렸고 몇 분 지난 후 무슨 생각을 하느냐고 그에게 물었다. 그는 대답하지 않았다. 조금 더 침묵이 흐른 후 나는 그가 사실상 침묵하고 있는 것이 아니라는 것을 알게 되었다. 그는 말을 더듬고 있었다. 물론 나는 내가 그것을 알아차렸어야 했다고 생각했다. 그는 때때로 너무 강하게 말을 더듬어서 일정 기간 동안 아무 말도 하지 못했다고 내게 말했다. 나는 집중해서 들었다(그것은 집중된 주의이며, 따라서 나는 그것을 B행 ?, C행 ?의 4열이라고 부를 것이다). 그는 숨을 깊이 들이쉬었고, 멈추었다가 숨을 내쉬었고, 다시 이를 반복하기 시작했다. 매번 그는 갑자기 그리고 날카롭게 숨을 들이쉬었다가 다시 내쉬었다. 마치 상당한 안도감을 느낀다는 듯이 말이다. 내가 그것에 대해 할 수 있는 일은 없었다. 잠시 후 그는 다시 침묵했다.

조금 시간이 흐른 후, 나는 그가 말할 것이라고 기대하면서 듣고 있었고 내가 들을 수 있었던 것을 듣고 있지 않았다는 것을 깨달았다. 처음에 나는 그가 동의하기 위해 몸을 최대한 긴장시키고 있다는 인상을 받았다. 그리고 다시 그는 침묵에 빠져들었다. 이번에는 침묵이 마치 그가 아마도 구역질을 삼키고 있는 것 같은 소리 때문에 깨졌다. 나는 그러한 사실들에 그를 주목attention시키고, 소리 외의 모든 인상을 무시한다면 그것들은 그의 소화관이 양 끝에서 활동한다는 증거 같다고 말했다. 그는 언어적으로 동의했지만 '말더듬'은 계속되는 것 같았다. 내가 말더듬을 근사치적으로 표현할 수 있다면, 그는 다음과 같이 숨을 날카롭게 내쉬었던 것이다. '하, 하, 그냥… 하… 문제… 하… 하… 인프…(in ph…) 후… 허her… 네이션nation.' 그가 일어나고 있는 두 가지 것 – 그의 '말더듬'과 나의 해석 – 에 대해 냉소적인 논평을 하고 있는 것처럼 보인다고 나는 말했다. 그러자 그는 입술이 아니라 목소리를 예비적으로 점검한 후 말했다. '나는 당신 말이 아주 옳다고 생각해요.' 어려움이 계속될까 봐 두려워 그는 서둘러 말을 했고, 마치 진이 빠졌다는 듯이 빨리 말을 멈추고 침묵했다.

한 회기의 한 부분에 대한 이 짤막한 보고에서 나는 내가 할 수 있는 한 가장 진실에 가깝게 이야기를 전달했다고 가정할 것이다. 나는 회기 중에도, 그 후에도 메모를 하지 않기 때문에 보고가 사실과 다르다는 반론을 항상 받을 수 있다. 회기를 기록한 후, 기록된 것을 보존하는(F3) 메커니즘이 고안되었다면 나의 보고는 사실과 더 멀 수도 있다고 나는 확신한다. 그러나 나는 이미 환자에 대한 나의 주의를 F4로 표현하는 것이 적당하다고 범주화했다. 범주가 잘못되었고, 따라서 내가 그 좌표 범주에 부여하는 의미가 적절하지 않거나, 재료에 대한 나의 평가가 잘못되었을 수 있다. 또는 둘 다일 수 있다. 좌표를 검토하는 사람은 누구나 정신분석적 이유와 과학적인 방법론적 엄밀성 때문에 불만족을 느낄 것이다. 백년도 채 되지 않은 방법론으로 학문하기를 시도하는 인간들에게 너무 많은 것을 기대해서는 안 된다. J.O. 위즈덤Wisdom은 정신분석에 방법론적 기준을 제시하려는 건트립Guntrip의 시도에 비판적이면서도 그것에 감사를 표했는데, 이는 정당한 일이었다. 나는 향상을 위한 어떤 제안도 할 능력이 없으므로 불만족스러운 정식화를 그대로 내버려둔 채, '사실과 이유reason에 짜증날 정도로 도달하고자' 하는 – '불확실한 것', 신비, 그리고 의심 속에 있을 수 없기 때문에' – 유혹에 대해 내가 저항하고 있다는 것으로 스스로를 위로

한다.

이 일화에서 가장 눈에 띄는 특징은, 어떤 사람이 말을 하려 하지 않지만 자신이 무엇을 원하고 있는지 내게 말하기를 앉아서 기다리면서 내가 느끼기 시작했던 공허감과 절망감이 얼마나 큰지를 발견한 것이었다. 이것에 이어, 그의 말더듬이 아주 심각했기 때문에 그는 말을 할 수 없다는 것이 분명하다는 놀라움이 즉시 뒤따랐다. 내가 좋은 해석이라고 항상 이해해왔던 해석이 낳을 수 있는 효과를 낳을 수 있는 해석을 생각해내는 것이 그다지 더 현명한 것도 아니며, 그런 해석을 생각해낼 수 없을 것 같은 느낌이 들었다. 나의 동료 중 한 사람이 정신분석에서 알려져 있는 모든 해석을 환자에게 해준 적이 있지만 어떤 효과도 없었다고 내게 말한 적이 있다. 과장해서 말하면, 나는 그의 느낌들에 공감할 수 있다. 그런 느낌들은 오늘날 내가 잘 알고 있는 느낌들이다. 그러나 두 가지 점이 도움이 될 것이다. 즉, 이러한 느낌들은 내게 더 이상 낯선 것이 아니며, 환자가 말하거나 행하지 **않는** 것의 소란 때문에 내가 귀를 먹지는 않았다는 것이다. 정신분석에서 알려져 있는 어떤 가능한 해석이, 과부하가 걸린 정신분석가에게 알려져 있지 않다는 것은 위험한 것이 아니다. 우리로 하여금 가면 쓰기를 하도록 만드는masquerading 새로운 일반 이론과 같은 특수한 경우에 현혹되어, 분석가가 사실을 관찰할 수 없게 된다는 것이 진정으로 위험한 일이다. 비록 내가 오랫동안 정신분석 임상에 몰두했지만, 내가 그것에 대해 말을 많이 함에도 불구하고 내가 명백히 단순하지만 보상이 많은 이러한 과업을 성취하는 데 얼마나 자주 실패하는지를 발견하고는 항상 놀란다. 실제로, 나에게서 기억과 욕망을 제거하는 데는 아주 오랜 시간이 걸렸다. 그리고 이해하고자 하는 필요성에 의해 수행되는 관찰이 미치는 악영향을 내가 평가할 수 있기까지는 더 오랜 시간이 필요할 것이다. 이해해야만 한다는 것은 욕망 – 정신분석가의 합리화에 종속되기 쉬운 욕망 – 의 관여가 이루어지는 특수한 사례이다. 이 분야에서 작업을 하는 정신분석가들의 어려움에 기여하는 몇몇 특징에 대해 또한 언급하고자 한다. 그것은 쉬워 보인다. 가족사와 개인사에서 너무나 많은 명백히 중요한 항목을 모른다는 것은 일반적인 의학적 실천에 반대된다. 그리고 그것은 무언가 일이 잘못되었을 때 분석가가 의무를 이행하지 못했다는 공격을 받게 할 것이다. 피분석자의 인성과 접촉해 얻는 많은 증거는 망상분열적 위치에서 우울적 위치로의 [끊임없는 동요], 또는 인내patience에서 안전감security으로의 끊임없는 동요 - 나는 이러한 동요를 정신분석가의 동요에 대한 더 정확한 기술이라고 제안한다 - 를 견딜 수 있도록 만들 필요가 있다는 것을 보여준다.

알지 못했지만 알 수도 있었다고 생각했던, 환자에 대한 사실 때문에 내가 혼란을 겪어서는 안 된다는 결심은, 때때로 죄책감을 주지만 커다란 안도감을 제공한다는 것이 드러났다. 곧 나는 이러한 절차를 나의 모든 임상으로 확대했고, 이는 항상 유익했던 것 같다. 나는 (좌표와 관련해 필요한 사고를 발견했지만) 그 과정을 상세히 기술할 수 없다. 일어난 일에 대한 내 평가의 건전성에 내가 만족한 것(사실 나는 만족하는 데 성공한 적이 없다)이 일반적으로, 그리고 내가 관심을 갖고 있는 특수한 환자와 관련해 나의 사고에 대한 광범위한 해명으로 이끌어주었는지, 아니면 도구로서의 좌표에 어떤 개선을 도입하는 것 자체가 그렇게 해주었는지 상세히 기술할 수 없다. 이러한 유익은 다른 유익들과 마찬가지로 내게 빨리 분명해지지는 않았다. 진전의 점진적인 그리고 지각 불가능한 본성은, 경험의 본성을 동료들에게 전달하기 위해서는 내가 어떻게 해야 하는지 아는 것에 어려움을 야기했다. 사건 이후 내가 현명해져서, 나의 경험을 해명하고자 하는 시도들이 번뜩이는 생각의 출현으로 매우 자주 이끌어간다는 것, 그리고 너무나도 종종 그 번뜩이는 생각이 임상에 구현되는 데 실패한다는 사실이 나를 놀라게 했다. 처음에 나는 이 때문에 화가 났고, 그래서 나의 직감을 확증해주는 증거를 왜곡하고 싶었다. 내가 나 자신의 규칙을 어기는 일은 항상 실패로 끝났고 사기를 치고 있다는 느낌을 불러일으켰다. 나의 잔꾀에 작별을 고하는 데는 약간의 어려움과 고통이 필요했다. 번뜩이는 생각은 꿈에서 펼쳐지는 성질 – 이것이 나타났다가 사라질 때는 조금씩 사라지는 것이 아니라 완전히, 그리고 전체적으로 사라진다 – 을 공유하고 있다는 것을 발견함으로써 나는 그렇게 하고자 하는 결심을 굳힐 수 있었다. 동일한 생각이 다시 갑자기, 그리고 완전하게 등장할 수 있다는 것을 깨달은 것도 같은 시기였다. 피분석자에 대한 완전한 주의가, 망각한 그러나 바라건대 적절한 사고를 다시 살려내는 기폭제로 작용하기를 나는 희망했다. 그럼에도 불구하고 그 번뜩이는 생각들이 얼마나 영리한 것이었는지 발견하기도 전에 그것들을 포기해야만 한다는 것은 슬픈 일이다.

여기에서 나는 그 무렵 이 회기와 다른 회기들에 의해 촉발된 사고들 중 몇몇에 대해 기술하고 싶다. 이것은 보고 – 내가 3열로 범주화하고자 하는 유형의 사건 – 라기보다는, 그 당시 정신분석 임상을 할 때 내가 탐닉했던 **현재적** 꿈꾸기reverie now에 관한 것이다. 자기분석의 영향은 무의식적 기억들의 개입적인 힘들, 그리고 나의 분석가의 이론들이라고 통상적으로 간주되는 – 내가 새로운 이론들을 획득했음에도 불구하고 – 힘들을 감소시켰다는 것이다. 최근에 획득한 그러한 기억들의 효과는 통상적으로 억제라는 특징을 가진 기억들과는 다른 종류의 것들이다. 이 후자의 것들을 2열로 기술하면 더 모호하기는 하지만 더 효과적인 기술이 될 것이다. 즉, 파국적 속성의 발달을 촉발시키기 쉽다고 두려워하는 [정신분석적 대상들], '파국적 변화catastrophic change'를 야기하는 정신분석적 대상들로 기술하면 말이다. 그것들의 속성은 정신분석적인 것이라고 아마도 말할 수 없는 두 개의 기술을 통해 잘 예시될 수 있다.

첫째는 수학자 푸앵카레가 『과학과 방법』에서 수학 공식을 창조적으로 발달시킬 때 동반되는 심리 상태에 대해 기술한 것이다. 나는 그것을 다시 인용하지 않을 것이다. 내가 그것을 너무나 자주 인용했기 때문에, 그것을 인용하는 것은 하나의 의식ritual[이 될 위험이 있다], 오늘날 정치독재자의 위선적인 용어로 말하면, '위험한 사고들'의 발달을 저지하기 위한 공식의 연주회recital of a formula가 될 위험이 있다.

두 번째는 막스 플랑크Max Planck의 자서전으로부터 인용한 것이다. 그것은 그의 양자역학 연구에 우연히 덧붙여진 발견에 관한 것이다. '나는 아주 드물게만 새로운 결과 – 나는 그것[새로운 결과]의 진리를 단지 이론적 증명일 뿐이지만 결정적 증명을 통해 입증할 수 있었다 – 에 대한 보편적 인정을 획득하는 데 성공했다(결코 성공한 적이 없다고도 말할 수 있다). (…) 이러한 경험은 또한 하나의 사실, 내 생각에는 주목할 만한 사실을 배울 수 있는 기회를 또한 내게 제공했다. 즉, 새로운 과학적 진리가 승리하는 것은, 그것이 그것의 적대자들에게 확신을 주고 그들로 하여금 빛을 보게 만듦으로써가 아니라, 오히려 새로운 과학적 진리의 적대자들이 마침내 죽고, 그것에 친숙한 새로운 세대가 성장하기 때문이라는 사실 말이다.'

환자들과 작업하는 가운데 내가 예측(선입관, preconception)의 개입적인 성질을 발견하면서 환자의 분석은 더 생생해졌다. 내가 환자와의 접촉으로부터 의식적으로 그리고 무의식적으로 그러한 예측들을 모았든, 혹은 그것이 내가 다른 맥락에서 들었던 것이든, 혹은 그것이 어떤 정신분석 이론이든 중요하지 않다. 생생한 성질의 증가는 비언어적 성질을 지각하려는 마음가짐이 증가한 것과 관련이 있다. 내가 어떤 기억과 욕망을 무시하는 데(또는 프로이트가 말햇듯이 '인위적으로 자신의 눈을 멀게 만드는' 데) 익숙해짐에 따라, 나는 말하고자 하는 환자의 시도들이 나의 주의를 덜 요구하게끔 만든다는 것을 발견했다. 환자는 빨리 말하고 방귀를 뀌고 자신의 입술을 빨면서 카우치에 누워 있었는데, 영어로는 한 마디 말도 하지 않았다. 그 나이의 사람에게 우리가 기대할 수 있는 지식을 그가 지휘하고 있었다면, 그것은 거친 소음의 완전한 교향곡 콘서트였다고 나는 말해야만 한다. 그것은 거장의 연주였다. 잠시 동안 나는 하나의 입이 소음들을 만든다는 관념에 적합한 해석을 했다. 그러나 나는, 매일 숙고 – 이러한 숙고는 내가 좌표를 고안할 수 있는 계기였다 – 하는 과정에서 이러한 관념은, 인성이 사람의 가시적인 해부학적 구조들에 상응한다는 가정과 관련되어 있다는 것을 알 수 있었다. 내가 어렸을 때 일인 밴드one-man-band로 알려진 인물이 있었다. 도르래, 줄, 드럼, 그리고 일종의 발풍금 같은 것을 배열한 후, 그는 뒤꿈치를 차고, 팔을 흔들고, 격렬하고 급작스럽게 머리를 뒤로 던지면서 음악 연주를 참고 볼 만하게 흉내 냈고, 이마로 드럼을 쳤고 후두로 종을 울리는 행동 등을 했다. 내가 이해할 수 없는 어떤 이유 때문에 나는 이 공연 구경을 허락받지 못했다. 점잖지 못한 광경을 못 보게 하려는 듯이 나는 쫓겨났다. 이것 – 일시적 목적을 위한 다른 모델 – 은 내가 환자와의 접촉으로 끌려들어갔을 때 상기되었다. 시간이 좀 지난 후 나는 그의 입, 항문, 목구멍이 모두 주의attention를 위한, 누가 우월해야 하는가를 위한 투쟁에 몰두하는 것처럼 들린다고 말했다. 그는 'Fff… F.f.f… Ffphonation'이라고 대답했다. 그리고 마침내 폭발했다. 좀 더 자유롭게 그는 '그것들은 누가 정상에 있어야 하는지를 결정하려고 하는 것처럼 들려요. 그러나…'라고 말했다. 그리고 그는 다시 알아들을 수 없는 말을 했다. 한 순간 또는 두 순간 그는 내가 듣는 데 익숙해진 소음을 반복했다. 소리의 패턴은 분명했다. 그러나 나는 그것이 내가 여전히 추가적인 해석을 제안할 수 없는 어떤 것을 닮았다고 느꼈다. 나는 말했다. '해부학의 상이한 이 부분들이 각각 진짜 사람처럼 하나의 인성을 갖고 있는 듯이, 그리고 당신의 **발성** phonation을 사용하려는 야심이 있는 듯이 보입니다.' 그는 '현미경을 붙잡고 다른 모든 것을 버리려고 하는 것처럼'이라고 말했다. 나는 '내적 대상들'(F4)을 생각했다. 그러나 이 이론이, 인성의 경계들boundaries을 표시한다고 간주되는 것에 대해 이야기할 때 내가 전에 막연하게 의식했던 어려움에 봉착한다는 것을 나는 알 수 없었다. 나는 환자가 이 '대상들'이 자신의 내부에 있다고 느끼는지 확실하게 느낄 수 없었다. 그가 말하고 있을 때 그것들이 그의 '외부에' 있었다고 느껴지는 것이 [오히려] 당연할 것이다. 나는 그가 그것들이 바깥에 있다고 느끼는지 그에게 물어보았다. 그는 용이하게 말을 이어나갔고, 지적 능력이 크게 의심스러운 동료에 관해 유창하게 이야기했다. 환자는 어떤 폭발적인 프로젝트를 위해 그와 파트너로 함께 일할 수도 있다는 것을 두려워하며, 그것은 극히 위험하다고 말했다. 과거에 한 남자가 실험실에서 폭발사고를 일으켰다. 그 사고로 인해 실험실의 모든 유리그릇이 조각났고 둘 다 사망할 수도 있었다. 그 일로 그의 동료는 한 쪽 눈을 잃었다. 환자는 자신의 눈을 잃고 싶지 않았다. 그는 말을 멈추었고,

나는 그가 아주 길게 말했다는 사실에 어느 정도 놀랐다. 장애의 표식은 존재하지 않았다. 나는 나에게 떠오르는 풍부한 해석의 흐름의 표현을 방해하는 어떤 장애도 발견할 수 없었다. 만일 내가 그 해석들을 정식화하기 위해 노력했다면 나 역시 말을 더듬게 되었을 것이다. 분석을 위해, 나처럼 제한된 지성의 분석가에게 찾아와야 한다는 것에 대한 불안을 그는 표현하고 있다고 나는 말했다. 그리고 그가 알고 있는 좋은 분석가인 X박사와 비교하면서, 나는 가슴에 비해 [우유] 병bottle 정도 밖에 안 되는 지성을 갖고 있는 사람이라고 나는 말해주었다. 그는 '그 반대예요'라고 말하면서 내 말을 중단시켰다. 그러고 난 후 나는, 그가 실험실을 같이 쓰고 있는 사람과 비교할 때 병은 적어도 효력이 있다고 느낀다고 그에게 말했다. 그리고 나는 눈들이 성행위를 관찰할 때 갖고 있었던 시기심이 눈과 유리그릇들의 폭발적인 파괴로 이끌었다고 말했다. 그는 다시 말을 더듬기 시작했고, 언어적 의사소통이 진행되지 못했다. 회기는 끝났고, 그때 나는 그의 입술에서 소리가 나오지 않는다는 것을 깨달았다. 그의 입술 동작은 매우 단호했고 매우 특이했다. 나의 위치에서 보았을 때 그의 입의 근육들은 마치 미세하게 움직이는 것 같았다. 내가 아는 바로는, 심장 근육에서만 일어나며 지질증lipidoses과 관련되어 있는 운동 방식으로 말이다. 나는 어떻게 이러한 효과가 발생했는지 알지 못했다. 나는 여러 이유로 이 환자에 대해 의구심을 갖고서 증상을 간과하지 않기 위해 조심했지만, 이러한 증상이 다시 등장하는 것을 보지 못했다. 그러나 그것은, 인성의 문제들이 (일반적으로는 인성의 문제들과 관계없는) [신체적] (체)계들로 변형된 것을 관찰해야 할 필요성에 대해 내게 경각심을 일깨워주었다. 자기 자신의, 또는 피분석자의 예후의 발달들을 어떤 매듭 지점nodal point에 이르기까지 추적할 수 있는 한에서(그러나 사실 나는 그렇게 할 수 없다고 확신한다), 그것은 논의의 한 부분을 다른 부분으로부터 분리시키기 위해 사용될 수 있는 편리한 허구를 구성할 수 있다.

나는 당시에 내가 분석하던 이 사례와 다른 사례들에 관한 숙고들cogitations을 시간적 또는 공간적 구획 없이 집결시켰다. 해결할 수 없는 문제, 또는 극단적으로 적절치 못한 해결책과 연결됨으로써만 해결될 수 있다고 가정되었던 것처럼 보인 문제는 거짓말쟁이가 던지는 문제이다. 실제로 병리적인 거짓말쟁이라고 진단받을 수 있을 만큼 충분히 악명 높은 거짓말쟁이인 사람 – 이러한 진단은 논점을 회피하는begging the question 진단이지만, 그것을 정의적 가설(D1, E1, F1)로 간주하면 다루기가 좀 더 쉬워질 것이다 – 이 창조한 것들을 경험한 후, 나는 상상력의 위대한 재능 – 그가 소설가라면 – 이라고 간주될 수 있었던 것을 존중해야 한다는 것을 발견했다. 내가 논문을 제출하고 보고서를 쓰고 강의를 해야 할 때 상황은 더 복잡해졌다. 타고난 거짓말쟁이라면 그것은 얼마나 큰 재능이며 축복인가라고 나는 생각했다. 그런 생각을 하자마자 나는 다음 사실, 즉 그[성격의] 천재성이 완전한 능력에 도달하기 위해 기다려야만 하지만 사실상 타고난 하나의 성격을 내가 결여하고 있음을 내가 한탄하고 있다는 사실을 깨달았다. 이 경우 언어를 발명한 천재성, 또는 집단 천재성이 거짓말쟁이를 그의 속박에서 해방시켰다. 이 점은 어디가 불편한지 말할 수 없는 환자들을 다루어야 하는 것이 커다란 약점이 아니냐고 질문받은 한 수의사가 일깨워주었다. 그는 그 환자들은 또한 거짓말을 할 줄 모른다는 사실이 그러한 약점을 보완해준다고 대답했던 것이다. 나의 말더듬이 환자는 어떤 경우에 그러한 위치에 있었다. 그에게는 언어 재능이 없었다! 심지어 그가 말을 할 수 있었을 때도, 그는 진리를 말해야 한다는 편견을 온통 갖고 있었다. 그가 사생활을 유지하기를 원하**면서** 정신분석을 받고자 했을 때, 그에게 고통을 주었던 약점을 나는 처음에는 깨닫지 못했다. 편의상, 기만deception의 우선성이라는 가정 – 기만은 고차적 기능이라는 가정 – 은 일반적으로는 무시되는 어떤 가능성을 강조해준다는 가치를 갖고 있다. 사실상 나는 이러한 생각이, 정신분석의 고유한 문제들 중 하나에 주목attention하게 해준다는 가치 외에 다른 가치를 갖고 있다고 주장하지 않는다. 심지어 언어적 의사소통이 아니라고 할지라도 의사소통은 인성에 대한 과학적 탐구의 방법으로서의 정신분석의 목적을 위한 것이다. 종교적·법률적·철학적 탐구 방법 등, 많은 탐구 방법이 진리의 발견을 위해 고안되었다. 정신분석의 자리는 이 모든 분과학문의 허세의 공허함을 폭로하기 위한 것이었다. 가능한 한 우리는 동일한 함정에 빠지지 않도록 해주는 방법론을 발견해야 할 필요가 있다. 처음에는 어려움이 존재한다. 우리는 어떻게 사람들이 과학적 목적을 위해서만 정신분석을 사용할 수 있는지 규정하려고 하지 않으며, 심지어 그럴 수 있다고 상상하지도 않는다. 모든 사람이 자유롭게 훈련받을 수 있으며, 일단 자격을 갖추게 되면 자신의 자격을 그가 선택하는 어떤 목적을 위해서도 사용할 수 있다. 피분석자는 자신으로 하여금 건강으로부터 벗어나게 만든 [원래의 행동], 그리고 정신분석이 증진시켜 주었을 모든 성장을 필연적으로 무화시키는 원래의 행동을 고집할 수 있다. 내가 논의의 논점으로 선택한 환자는 자신의 과학적 능력을 발달시키기 위해 (교육, 능력, 그리고 편견 때문에) 정신분석을 특히 받고자 했던 사람이다.

나는 두 명의 명백히 다른 종류의 거짓말쟁이를 선택함으로써 논의를 시작하고자 한다. 한 사람을 나는 '매력적인charming' 거짓말쟁이, 그리고 다른 사람은 '유해한poisonous' 거짓말쟁이라고 부를 것이다. 이 용어들은 일상 영어에서 잘 알려져 있다는 장점을 갖고 있으며, 통상적으로 증상의 측면에서 아주 상이한 사람들을 위해 유보되어 있는 용어다. 이러한 피상적 차이는 곧 자신의 피상성을 선포하는 방향으로 나아간다. 양자는 그들이 사회적으로 갖고 있는 의미에서 특이하다. 실제로 최근에 사용되기 시작한 표현들은 이 두 가지 심리적 경향의 존재가 바로 최상위 계층에서 작동하고 있다는 것을 보여준다. '신뢰성 간극credibility gap'이라는, 거의 과학적인 용어가 발명될 정도로 말이다. 이러한 경향들을 인식하는 것이 필요한 주된 이유는 그것들이, 생물학적 용어를 빌려 말하면, 정신적 발달에 유독한toxic 영향을 미치기 때문이다. 그것은 물론 정신분석가의 중심적 관심사지만, 나는 개인의 정신적 발달에 대해서만 이야기하는 것이 아니다. 나는 집단 전체의 정신적 또는 심리적 또는 도덕적 발달에 대해서도 이야기하고 있다. 이곳은 이 문제의 집단적 측면을 논의할 자리가 아니다. 그러나 나는 정신분석가들이 개인을 이러한 방향으로 확대하기를 무시하면 그들에게 위험이 초래될 것이라고 생각한다. 그러나… 나의 환자는 왜 말을 더듬었는가? 분명히, 나는 그를 앞서 언급한 두 범주 중 하나에 속한다고 간주하는 것에 대해 망설였을 것이다. 그는 유쾌한 방식으로 짓궂었다. 그는 친절했고 사려 깊었다. 그는 커다란 잔인성의 희생자였다. 그러나 그는 그 잔인성의 사실을 알지 못했으며, 나는 그 잔인성을 알기 위해 풍문에 의존했다.

분석이 진행됨에 따라, 나는 말더듬을 그 방의 세 사람이 보여주었던 극적인 상황의 부분으로 해석할 수 있었다. 회기에 있지 않았던 사람들에게 회기들에서 항상 발생하는 변화들 전체를, 또는 하나의 회기에서 발생하는 변화들을 전달할 수 있는 방법을 나는 발견하지 못했다. 물론 정신분석가 동료들은 증거를 갖고 싶어 할 것이다. 물론 나도 증거를 제시하고 싶다. 그러나 시간이 지나면서 나는 정신분석을 대체하는 것은 없다고 확신하게 되었다.

이하에서 나는 증거를 발견할 수 있는 방향을 보여주고자 시도할 것이다. 정신분석가가 자신으로부터 정신분석적 집단 싸움의 아우성, 개인적 생존의 일상적 문제의 압박을 제거할 수 있었고, 마침내 치료실이 비교적 조용해졌다고 가정해보자. 내가 기술하고 있는 사람은 종종 상당한 기간 동안 말이 없었다. 내가 이미 암시했듯이, 나의 예측preconceptions – 이제 나는 이것을 나의 정신분석적 편견, 그리고 다른 편견이라고 부를 것이다 – 은 그도 마찬가지였겠지만 나로 하여금 그의 침묵을 견디기 힘들게 만들었다. 내가 내 편견을 더 침묵하게 만들 수 있게 되었을 때, 또한 나는 존재하지 않는 증거 때문에 한탄하기보다는 존재하는 증거를 더 많이 알 수 있게 되었다. 내 귀가 침묵에 익숙해졌을 때 작은 소리를 듣는 것이 더 쉬워졌다. 나는 프로이트가 가장 희미한 빛을 아주 어두운 상황에 비추기 위해서는 인위적으로 자신의 눈을 멀게 만들어야 한다고 썼다는 것, 즉 그가 사용한 유비를 상기할 수 있었다. 이것을 변형시켜 나는 '희미한 소음'을 듣기 위해서는 '인위적인 침묵'의 중요성을 고려해야 한다는 유비를 사용했다. 그것은 작동했다. 나는 이전에는 간과했던 소리를 듣기 시작했다.

이러한 설명을 제시하는 목적은 그 설명이 제공해주는 시각적 이미지에 대한 언어적 정식화의 가치를 전달하기 위한 것이다. 텔레비전과 영화가 보여주는 것처럼 시각적 이미지는 측면적lateral 의사소통의 큰 힘을 갖고 있다. 언어적 의사소통 또는 적어도 문자적 형태는 매체의 지구성에 의존하므로, 호머의 시, 함무라비 법전, 베르길리우스, 그리고 최근에는 셰익스피어가 보여주듯이 더 큰 지속적인 힘을 갖고 있다. 발성 – 나의 환자가 발화했을 때 그는 매우 정확하고 정밀하게 그렇게 했으며, 또한 발성이라는 용어를 사용했다는 것을 [독자들은] 기억할 것이다 – 과 관련해서는 상황이 더 복잡하다. 타키투스는 게르만족의 음유시인에 대한 좋은 일반적인 기술을 제공한다. 그는 또한 아우구스투스 케사르의 죽음 이후 페르케니우스가 행했던 역할에 관한 특수한 기술을 제공한다. 이것이 정신분석과 무슨 관계가 있는지 의아해 한다면, 나는 호기심을 갖고 독자들이 뉘른베르크 집회 때의 히틀러에 관한 기록들 – 나는 BBC에서 그것들 중 몇몇을 빌려 공부했다 – 을 잘 들어볼 것을 제안하고자 한다. 타키투스 시대에 작용했던 감정적 힘들은 여전히 작동한다. 독일어를 이해하지 못하기 때문에 분절된 언어의 요소에 의해 방해받지 않았다는 점에서 나는 운이 좋다. 나는 발성phonation을 들을 수 없었고, 또는 베타요소들을 알지 못했기 때문이다. 나는 이것들을 '사고'의 범위spectrum 바깥에 놓여 있는 요소라고 정의한다.

정신분석가에게 딜레마는 이것이다. 나는 개인으로서나 집단의 일원으로서 남녀들의 느낌은 변하지 않았다고 믿는다. 그리고 전쟁 상황에 있는 사람들, 전쟁 포로, 또는 유사한 심리적 압박 속에 있는 민간인들과 가깝게 접촉해본 적이 있는 어떤 사람도 마찬가지로 그렇다고 믿는다. 그들은 잠자고 있다. 종종 그들은 아래에 있는 힘을 변장시키지만 숨기지는 않는 문화의 겉치레로 포장되어 있다. 때때로, 개인의 경계boundaries가 해부학적 구조에 상응하지 않는다는 것이 분석가에게 분명해진다. 내가 이해한 바로는, 멜라니 클라인은 피분석자 집단에 존재하는, 겉보기에 협동적인 움직임으로 보이는 것들 속에, 동일한 분석가와의 전이 관계에 의해 설명될 수 있는 것 이상의 어떤 신비로운 것도 없다고 생각했다. 우리는 열린 정신을 유지해야 한다고 나는 생각한다. 나는 '초감각적' 지각, 윌프레드 트로터W. Trotter가 가정한 군중 본능, 또는 융의 집단 무의식을 가정해야 할 어떤 필요성도 느끼지 않는다. 그러나 인성 속에는, 평소에는 잠자고 있다가 외과적 충격과 같은 특수한 상황에서 팽창되는 모세혈관계와 비슷한 어떤 것이 있다고 나는 생각한다. 마찬가지로 개인의 '집단성'도 극단적으로 자극받기 쉽기 때문에 개인이 갖고 있는 의식적이고 정교한 행동 능력은 그의 '무의식' 속으로 쉽게 스며들어간다. 프로이트는 개인의 인성이 생식질에 종속되어 있다는 바이스만의 이론 속에, 본질적으로 중요한 무엇이 있을 수 있다고 생각했다(Standard Edition, Vol. XIV. p. 125). 분석이 주요 주제의 가장자리만을 맴돌고 있는 것처럼 보이는 상황들이 분명히 존재한다. 탐구는 계속되지만 정말로 중요한 영역이 탐구되고 있다고 가정하기는 어렵다. 그러나 환자는 과정의 무용성에 대해 불평하면서도 온다. 불평이 존재한다는 것은 [분석이] 무용하지 않은 어떤 것에 대해 몰두하고 있다는 것을 암시한다. 부모에게 '나는 이제 뭘 해야 하나요?'라고 질문하는 아동 환자라고 하면, 이해하기 더 쉬울 것이다. 그러나 그는 아이가 아니며 분석가는 그러한 문제들에 대한 해결책을 제시하려 하지 않는다. 그렇다면 왜 피분석자는 자신이 아이인 것처럼 행동하는가? 이는 피분석자와 분석가, 그리고 문제들이 모든 것 중에서 가장 빨리 발달했기 때문인 것 같다. 너무 빨리 발달해서 정신분석 그 자체보다 더 커진 것이다. 이것은 하나의 추측이며, 다른 추측들도 가능하다. 나는 하나의 '선호되는' 해결책에 나를 제한하지 않는다. 프로이트는 아마도 잘못된 방향을 취했다고 할 수 있다. 또는 더 그럴 듯한 표현으로, 인간은, 심지어 프로이트도 자기에게 주어진 짧은 시간에는 표면에 흠집 내는 것 이상의 것을 할 수 없을지도 모른다. 또한 훈련training과 가르침이 너무 좋은 동시에 너무 나쁘기 때문이라는 이유도 가능하다. 그것이 너무 좋기 때문에, 문제에 대해 작업할 수 있는 어떤 전문가를 만나는 것은 부차적인 일이 된다. 그것이 너무 나빠서 문제를 발견할 수 있는 모든 자발적 주도권과 능력은 파괴된다. 호기심의 대상이 되는 문제는 '대칭적으로' 접근되어야 한다. '너무 좋은'과 '너무 나쁜'

은 갈등의 정식화가 아니다. 그것은 대칭적 관계의 정식화다. 인성의 영역에서 그것은 시각적 탐구 영역에서의 이중초점적 시각vision과 비교될 수 있다. 감각적 경험에서 눈들은 초점을 맞추며, 그것들이 '만나는' 지점으로 향한다. 직관 '장치'는 동질적인 감각 경험을 위해 사용되는 단순한 용어로 표현될 수 없다. 실제적인 것real, 그리고 상상적인 것imaginary이 만나지 못할 때, 그것들은 단지 서로를 보완해줄 뿐이다. 두 개의 병행적인 것parallels이 감각적 경험의 영역에서 만나지만 인성의 영역에서 그것들은 대칭적이 된다는 것을 우리는 알고 있다.

'구성'이 더 적절한 용어처럼 보일 때 '해석'이라는 용어를 사용하는 것에 관한 프로이트의 두 번째 사유는, 나의 다음 생각과 분명히 양립 가능하다(확증한다고까지 말할 수 없을지라도). 해석을 사용하는 몇몇 목적[의 달성]을 위해 분석가들은 구성을 요구한다는 것, 그리고 이러한 구성은 대칭성의 증명을 위한 필수적 도구라는 것이다. 이 장치의 감각적 구성요소는 시각적 이미지다. 내가 개괄적으로 설명한 C 요소들은 대개 일가적인monovalent 해석과 다르다. 반면에 구성(C 요소)은 다가적polyvalent이며, (H 정식화들이 발견된다면,

그리고 발견되었을 때) H 정식화보다는 빠르지 않을 수 있지만, F나 G 정식화보다 빠르다. 이것은 정신분석가가 원초적 재료에 직면해야 할 때 매우 실제적인 중요성을 갖고 있는 문제다. 원초적 차원에서 작용하고 있는 피분석자는 '먼저 행동하고 나중에 생각하라'는 원칙을 따르는 행위에 더 가까이 다가간다. 이러한 일화에서 피분석자는 분석가와의 관계 속에서 행동한다. 실제적이고 상상적인 것이 혼합된 용어로 말하면, 극단적으로 활동적이고 유연하며 빠른 무의식이, 느리고 경직되고 무겁게 움직이는 의식에 의해 마치 추적당하고 있다는 듯이 말이다.

내가 대부분의 정신분석가와 함께 종종 사용하는 한 단어, 즉 '유비analogy'에 대해 조금 상세히 설명하고자 한다. 실제로 나는 의식이 무의식을 쫓아 무겁게 움직인다고 기술했을 때 유비를 사용했다. 나는 그 유비를 허락 없이 사용했는데, 이는 그 형태가 암묵적 은유로 가장되었기(드러났기?) 때문이다. 그것의 사용은 가장되었다disguised. 때때로 은유는 너무나도 일상 영어의 일부가 되었기 때문에, 파울러Fowler가 지적하듯이 다른 은유 – 이것의 부적절함, 비동질성이 직류처럼 흐르는 흔들림을 은유를 통해 송출한다 – 와 병렬됨으로써 생명을 부여받지 않는다면 은유는 '죽은' 은유다. 내가 이미 지적했듯이 유비로 사용되는 두 개의 이미지 사이의 관계가 아니라(이는 중요한 점이다) 그것들[각각]에 주목attention하기 때문에 혼란이 발생할 수 있다. 바이힝어Vaihinger는 은유와 철학 체계의 관계를 과장되게 설명했는데, 이는 놀라운 일이 아니다. 프로이트는 「착각illusion의 미래」에서 이러한 기여에 대해 이야기했다. 대칭이라는 다가적 무기, 구성과 관련해 나는 유비의 미래, '착각'의 미래, '전이' ‒정신분석가들에 의해 특수한, 그리고 강력한 형태의 관계에 주어진 이름‒ 의 미래에 대해 고찰할 필요를 느낀다. 우리가 용어들을 감정적 추동력drives이 상승하는 순서로, 단계적으로 배열할 수 있다면, 발생→유비→전이→망상delusion→착각illusion→집단 환상→환각→비대칭성→퇴락degeneration이 될 것이다. C 요소들은 관계를 위한 정박점anchor을 제공하기 위해 사용된다. 입은 하나의 정박점이고, 가슴은 또다른 정박점이다. 이 두 용어는 모두 유비의 본질적 특징인 것처럼 다루어져 왔다. 그것이 정확히, 성장의 길과 퇴락의 길이 갈리는 지점이다. 가슴과 입은 이 둘 사이를 잇는 다리를 정의해 주는 데 도움이 되는 한에서만 중요하다. '닻들anchors'이 다리에 부여해야 하는 성질의 중요성을 그 닻들이 빼앗는다면, 성장은 훼손된다. 말을 더듬는 그 사람은 배설, 배뇨, 혀에 의해 만족되어야 할 대상(그리고 그 역으로)으로서의 입의 중요성을 넘어 진전하지 못했기 때문에 '억류되었다held'.

정신분석가에 의해 생산된 해석 또는 구성은 피분석자와 분석가 사이의 직관적 연결에 의존한다. 그것은 의도적인 공격, 자신의 본질적인 연약함과 일상적인 피로에 의해 항상 위험에 처하기 때문에 보호되고 유지될 필요가 있다. 좌표의 목표는 정신적인 운동 도구를 제공하는 것이다. 그것[좌표]은 공격으로부터 상대적으로 격리된 채 사용될 수 있고, 피분석자와 분석가와의 관계를 간섭하지 않도록 한다면 – 예를 들면 환자에 관한 어떤 이론을 만들고 그것을 저장했다가, 전쟁할 때 미사일처럼 발사할 수 있는 어떤 것으로 사용하지 않는다면 – 해를 끼치지도 않는다.

유비와 관련해 닻의 기능에 대해 내가 말한 것은 주의가 얼마나 긴급하게 요구되는지를 보여줄 것이다. 그 점은 어떤 환자들 – 신호를 보내고 받는 것이 매우 좁은 주파수에 의존하는 환자들 – 에 의해 강조된다. 분석가가 보내는 메시지는 정확하게 측정되거나, 또는 수신되지 않는다. 이와 유사하게, 피분석자가 보내는 메시지는 대칭에 의해 표현되는 것으로서 광대역wide-band 수신기에 의해 수신되어야 한다. 나는 완전한 음색을 갖고 있는 음악가에게서 가장 예리한 형태로 이를 경험했다. 또한 나는 환자 – 시각적 감각이 그[환자]로 하여금 (그의 의견에 따르면) 정확한 색으로부터의 가장 근소한 이탈도 견딜 수 없도록 만들었던 환자 – 와 그것에 대해 논쟁해야 했다.

이러한 사실들은 분석가는 언어가 제공하는 증거에만 단순히 제한되어서는 안 된다는 것을 보여준다. 그는 의사소통에 자신을 제한해야 한다는 것인가 ? 프로이트는 '상징적 가장symbolic disguisings'을 회피하는 것이 더 좋다고 말했다. 그러나 상징적 드러냄symbolic revelation은 어떠한가 ? 그것은 아동의 능력과 부합되는 유일한 종류의 수신일 것이다. 피분석자들은 종종 자신이 분석을 제공할 수 있다고 생각한다. 우상들figures이 돈의 전능성에 대한 그것의 종교적 믿음의 규칙에 따라 정확히 누적되면, 그들의 불안을 통제할 수 있는 금융적 의식들rituals의 힘이 그들의 불안과 조화된다면, 그들은 자신이 정신분석을 제공할 수 있다는, 전적으로 잘못된 믿음으로 이끌려갈 수 있다.

프로이트는 신에 대한 믿음을 착각illusion으로 간주했지만, 또한 착각의 현실성에 대해서도 전혀 의심하지 않았다는 것을 보여주었다. 정신분석은 착각을 진지하게 다루어야 한다. 이 특수한 영역에서 나는 전능성에 대한 (구성과 반대되는) **해석**은 특히 불운하다고 생각한다. 그것은 종종 아주 부적절하게도 한 용어 – '전능성', 또는 그것의 대칭적 판본인 '전능성-무력감' – 로 표현되는 현실인 고정적 결합을 극소화시킨다. 팔리누루스 이야기(이하 참조) – 베르길리우스는 우리가 이 작품을 단순히 서사시가 아니라 종교의 일부로 진지하게 받아들이기를 의도했다. 밀턴이 『실낙원』을 예술적 기교의 훈련으로 간주하지 않은 것처럼 말이다 – 는 '전능성'이 문제될 때 결합된 요소들을 모으는 데 있어, 어떤 '해석'보다도, 또는 다른 고안물inventions보다도 더 좋은 '구성'을 제공한다. 거짓말쟁이는, 진리를 말하기와는 달리, 단지 기록만 하지 않기 때문에 – 즉, 그는 무언가를 행한다 – 전능성에 대한 자신의 환상에 실체성을 부여한다. 진리를 기록하고 말하는 것은 단지 기계의 무의미한 부속품이 되고자 하는 것이다. 따라서 이는 다음을 의미한다. 좌절을 견딜 수 없음이 커다란 야심과 함께 공존하는 인성 속에서는 탐욕이 지배적이 되는 경향이 생기고, '결과'가 탐욕을 지배

한다는 것이다. 행동의 '목표' 또는 '목적' 또는 목적이라고 '가정되는' 것이 미숙함premature과 조숙precocity을 촉진한다. 좌절이 실제 삶의 본질적 특징이기 때문에 실제적 삶을 받아들이기가 어렵다. 극단적인 상황에서 그것은 사고의 발달을 방해한다. 프로이트가 지적했듯이 사고 능력은 충동자극과 그것의 행동으로의 변형 사이에 지연delay을 개입시킴으로써 잠재적으로 작동하지만, 그것은 또한 (사고를 행동으로 변형시키는 것과 분리될 수 없는) 좌절을 더 잘 견딜 수 있도록 해준다. '야심 있는-참을성 없는'이라는 결합은 영속화될 수 있다. (현실에 대응물이 존재하지 않는) 전능성에 의해 대체되는 사고는 따라서 좌절을 증가시키고, 사고가 제공해줄 수 있는, 좌절을 견딜 수 있는 능력을 인성이 소유하는 것을 부인하며, 약탈이나 살인 같은 폭력을 향하도록 강제한다. 가치 있는 대상이라고 가정되는 것의 조숙한premature 획득은, 심지어 진정으로 가치 있는 대상을 사용해도 만족을 누릴 수 없게 되는 결과를 야기한다. 잠재적인 것potential에서 현실적인 것actual으로 변형시킬 수 있기 위해 요구되는 성숙함이 결여되어 있기 때문이다. 팔리누루스의 이야기 같은 '구성'과 반대되는 '전능성'이라는 용어는 너무 추상적이어서 정신분석가가 주목하고자 하는 현실이라는 개념을 제공하지 못한다. 전능성-전지성-신은, 무력함-몰이해-불가지론이라는 대칭적 요소들과 함께 기본적 집단basic group의 추상적 진술들이다. 이제 나는 이러한 추상적인 용어들 대신에 C 판본, 시각적 이미지에 대한 언어적 정식화를 도입할 것이다.

팔리누루스의 죽음

아버지 아에네아스의 불안이 바다의 신에 의해 누그러졌고, 함대는 폭풍우 이후의 평온함이 주는 이점을 취한다. 함대는 팔리누루스가 이끄는 종대의 동작을 따를 것을 명령받는다.

선원들은 자러 간다. 솜누스는 팔리누루스를 찾는다. 이 죄 없는 남자에게 나쁜 꿈을 가져다 주기 위해서 말이다. 포르바스로 변장한 그는 선미船尾에 앉아서, 바다가 잠잠해졌고 항해하기 좋으니 자러 가라고 말하면서 팔리누루스를 유혹한다. 배의 키는 자기(포르바스)가 잡으면 되니 팔리누루스는 휴식을 취해도 된다고 말이다. 팔리누루스는 어떻게 변할지 모르는 바다를 다루어야 하는 상황, 또는 사령관의 목숨이 위태로울 수 있는 상황에서 잠을 자라고 하는 그의 제안을 비웃는, 직접적이고 경멸적인 대답을 한다. 그는 키 손잡이를 놓지 않았고, 배 조종의 기준이 되는 별들에서 눈을 떼지 않았다.

그때 신이 망각의 이슬을 그에게 뿌려 그를 바다로 던졌다. 그 힘이 하도 강렬해서 팔리누루스는 선미의 조각 일부와 함께 바다에 떨어졌다. 동료들은 그의 구조 요청을 듣지 못했고, 그는 익사했다.

아에네아스는 배가 좌우로 흔들리는 것을 발견하고는 팔리누루스의 무책임성 때문에 슬퍼하며 키를 잡았다.

이 모델은 이것으로부터 분석가가 재료의 명령에 따라 '구성'을 정식화할 수 있는 모델이다. 프로이트가 그 용어[해석]를 버린다는 의미에서 해석은 '구성'에 대한, 아마도 진정으로 유용한 서막prelude일 것이다. 그 이야기의 대칭적 본성은 어떤 요소를 선택해도, 기능의 가치의 변화 없이, 그것이 정점vertex이 될 수 있도록 해준다. [예를 들면 분석 시간 때] 환자가 약물에 대한 불안을 불쑥 보일 수 있다. 그렇다면 분석가는 이 이야기에서 약물[마취약]에 관해 이야기할 것을 제안받고 있는 것이다. 환자는 자신이 정당하지 못한 취급을 받았다고 불평할 수 있다. 그렇다면 분석가는 [이에 따라] 자신이 주목attention할 수 있는 요소들을 선택하게 된다. 내가 말하고자 하는 요점은 그 이야기가 어떤 요소들이 고정적으로 결합되고 있다는 사실에 주의하는 데 도움을 준다는 것이다. 이러한 종류의 모델 이외에서는 그러한 사실이 주의를 벗어날 수 있다. 특히 이론을 선호하는 편견이 너무 강하면, 이론과 카우치의 환자 사이의 간극이 너무 커서 연관성이 드러나지 않을 수 있다. 마찬가지로, C 모델이 충분히 많이 존재하지 않으면, 이론의 부재는 구조가 그것이 임상에서 짊어져야 하는 하중을 감당할 만큼 강하지 않다는 것을 의미한다.

정신분석[작업]이 심각한 결함이 있다고 내가 생각하는 경우는 전능성-무력감(F)에 관한 모델들(C)의 경우다. 그 결과, 고정적으로 결합되는 요소들은 드문 경우에만 상관관계를 갖는 격리된

단위들로 인식되며, 따라서 그 요소들이 더 자주 발생할 때 응당 불러일으켜야 할 반응을 불러일으키는 데 실패한다. 이러한 결함은 실제적이라기보다는 외견상 그런 것처럼 보이기 쉽다. 에덴과 바벨 신화가 전능성-무력감이라는 주제의 모델을 위해 사용되고, 수수께끼를 내는 오이디푸스 신화의 스핑크스에 의해 강화되면, 결함은 감소된다. 신의 '도덕성'은 또한 『바가바드기타Baghavadgita』 2장에서 표현된 견해들을 고려함으로써 확장될 수 있다. 이러한 모델은 정신분석가로 하여금 이론과, 정신분석적 경험에서 명백히 드러나는 재료 사이의 간극을 연결할 수 있도록 도와준다.

정신분석가는 정교한 이론적 정식화(F)와 모델(C)이 서로 간의 정당한 변형들이라고 생각한다고 가정된다. 달리 말하면, 정신분석적 경험과 이론적 정식화 속에는 불변항들이 존재한다고 가정된다는 것이다. 정신분석의 진정성은 이러한 가정이 옳은가에 달려 있다. 나는 다른 곳에서, 사영projection을 통해 둥근 연못은 타원형에 의해, 그리고 가로수 길은 종이 위의 두 개의 수렴하는 선들에 의해 표현될 수 있다고 기술한 바 있다. 간단히 말하면, 이 두 개의 실제적으로 다른 대상-연못/나무와 드로잉-속에는 불변항들이 있다는 것이다. 하나의 대상이 로마의 분수이고, 다른 것은 레스피기Respighi가 작곡한 악보일 때 불변항들은 무엇인가?

나는 시각적 용어로 팔리누루스의 죽음에 대한 베르길리우스의 묘사를 요약했다. 이것과 카우치 위에서 말을 더듬는 사람의 불변항은 무엇인가? 피분석자가 분석가가 그를(그리고 그 역도 마찬가지다) 이해할 수 있기를 근거 있게 기대할 수 있으려면 어떤 규칙을 따라야 하는가?

물리의 세계에서 오케스트라의 연주는, 적당한 장치가 주어지면, 무선 전파로 변형될 수 있다. 그리고 그 무선 전파는 다른 사람이 자신이 오케스트라의 연주를 듣고 있다고 가정할 수 있기 위해 다시 거꾸로 변형되어야 한다. 현대영어를 사용하는 사람이 베르길리우스의 『아에네이드』 5권 827-871열에 인쇄된 표현representation을 이해할 수 있도록 훈련될 수 있는가? 훈련된 사람은 라틴어 정식화와 영어 정식화 사이에 개입해, 라틴어 시와 영어 판본에 공통적인 불변항을 전달할 수 있는가?

나는 그렇게 하고 싶어도 이 질문에 대답할 수 없다. 내가 아는 한 좌표도 그렇게 할 수 없다. 그러나 나는, 그리고 내 생각에는 다른 사람들도, 좌표가 정신분석가로 하여금 자신의 정신적 근육을 행사할 수 있도록 해주는 정신적 상승의 틀climbing frame을 제공하는 데 도움을 줄 수 있다는 것을 발견했다. 심지어 그것의 단점도 장점으로 변화될 수 있다.

에즈라 파운드Ezra Pound는 『섹스투스에게 바치는 찬사』, 『논어』, 그리고 『고전 선집』과 같은 자신의 고전 번역 때문에 크게 비판 받았다. 에즈라 파운드가 자신의 라틴어 번역에서 학생들이 범할 수 있는 정도의 오류를 범했다는 것은 쉽게, 아마도 아주 쉽게 증명될 수 있었다. 그는 인간이기 때문에 그의 연약함은 무궁무진할 것이며, 대칭적 접근이 찬미되고 남용될 수 있다. 임상 정신분석가, 초상화 화가, 음악가, 조각가, 이 모든 사람은 그것[진리]이 제시되는 사람에게 통상적으로 추악하게 느껴지고 경악케 하는 진리를 '보고' 제시할 수 있다. 다른 사람들이 그러한 진리를 볼 수 있도록 말이다. 마찬가지로, 추악하고 경악스러운 것을 보는 사람은 그것이 진리와 동일한 것이라고 통상적으로 믿는다.

∮ 메시아적 능력을 덜 갖고 있는 사람들이 전깃불의 스위치를 켤 수 있을 만큼 잘 이해할 수 있도록 전기의 현실을 증명할demonstrate 수 있기 위해서는 패러데이 같은 천재가 필요했다.

재능이 부족한 사람들이 언제 그리고 어떻게 적절한 의식을 행하고 올바른 마법을 사용해야 하는지 충분히 이해할 수 있도록 신의 존재를 보여주기demonstrate 위해서는 신비가를 필요로 했다.

감정적 자원의 현시를 증명하기 위해서는 프로이트를 필요로 했다. 그리하여 그러한 능력을 갖고 있지 않은 사람들이 그럼에도 불구하고 그러한 자원을 보여주고 그것을 활용할 수 있도록 해주는 의사소통을 수행할 수 있는 데까지 도달할 수 있었다.

소위 자연과학 법칙들은 과학적 신비가mystic가 직접적으로 성취할 수 있는 것의 통속화이다. 종교적 교리들도 마찬가지로 종교적 신비가가 직접적으로 성취할 수 있는 것의 통속화이다.

과학적인 것이든 종교적인 것이든 정착Establishment의 기능은 신비가를 파괴destruction로부터 보호하고, 집단을 신비가의 붕괴적distruptive 효과로부터 보호하는 것이다. 전기 스위치, 전선 등에 관한 원초적 도식처럼 좌표도 '유년기 상태에 있는' 정신분석이 파괴되지 않도록 [보존하고], 그리고 원기 왕성한 아이의 상태에 여전히 머물러 있는 집단이 유아의 통제되지 않은, 지도받지 않는 열정의 결과로 해체되지 않도록 보존하기 위한 것이다. 아이란 그런 존재이기 때문에, 아이는 자신의 힘과 무기력으로 주변 환경에 충격을 준다. ∮

∮과∮ 사이의 기술 전체는 극히 단순화되었고 따라서 필연적으로 왜곡의 위험이 있지만 표현되어야 할 사실에 관한 기술이다. 수학과 매우 유사하게 기술은 상징의 무의미한 조작으로부터 분리될 수 없거나, 과학적 엄밀성을 희생하고 심리적으로 소화 가능한 형태를 취한다. 정신분석은 증명되어야 하는 대상의 현존 없이 의사소통할 수 있는 지점에 도달하지 않았다. 간단히 말하면, 대상은 해석되어야 하는데 – 구성은 바로 이를 위해 정교하게 이루어지는 것이다 –, 이 해석되는 대상은 그것의 존재가 '구성'에 의해 드러났

다고 가정되는 시점에 존재해야 한다. 현미경으로 관찰하는 사람은 자기가 보고 있는 현미경을 구성할 수 없다. 그가 자신의 관찰 능력을 현미경의 결점에 맞춰 조정하지만 말이다. 좌표는 이 준비시기의 과정에서 사용될 수 있다. 관찰 또는 정신분석의 대체물이 아니라 그것의 서막으로서 말이다.

휴지기

Caesura

출처

S. 프로이트, 『억제, 증상 그리고 불안』

'자궁 안의 삶과 가장 초기의 유아기 사이에는, 출생 행위의 인상적인 휴지기가 우리에게 믿도록 만드는 것보다 훨씬 더 많은 연속성이 존재한다.'

M. 부버, 『나와 너』

'아동의 출생 전의 삶은 순수한 자연적 연관성, 즉 서로를 향하는 흐름, 육체적 상호성이다. 그리고 발달하는 존재의 삶의 지평은 그 지평을 담지하고 있는 지평 속으로 독특하게 등록되어 있지만 또한 아직 등록되지 않았다. 그것이 거주하는 곳인 자궁이 인간의

어머니인 것만은 아니기 때문이다.'

V. C. 왈쉬Walsh, 『현대 미시경제학』의 서문

'우리가 현재 화두가 된 주제에 대한, 친구들과의 행복하고 활기찬 토론을 마친 후에 많은 청중 앞에서 그 주제에 대해 입문 강좌를 하기 위해 준비하는 일을 시작한다면, 우리는 어떤 기묘한 느낌에 사로잡힐 것이다. 두 세계는 교차점이 없는 것처럼 보인다.'

M. 부버, 『나와 너』

'모든 발달하는 인간의 아이는 모든 발달하는 존재처럼 위대한 어머니의 자궁 속에, 즉 분화되지 않은, 그러나 아직 형성되지 않은 원초적 세계 속에 머물러 있다. 이것으로부터 아이는 자신을 분리시키고 개인적personal 삶으로 들어간다. 우리가 그녀에게로 다시 가까이 있게 되는 것은, 우리가 이것으로부터 다시 나오는 – 심지어 건강한 사람들에게도 이 일이 밤마다 일어나듯이 – 어두운 시간들에서뿐이다. 그러나 이러한 분리는 육체의 어머니로부터 분리될 때처럼

(…) 급작스럽게 일어나지 않는다.'

M. 부버, 『나와 너』

'혼란의 불타오르는 어둠으로부터 그는 차갑고 밝은 창조에로 발걸음을 옮겼다. 그것을 즉시 소유하지 않은 채 (…).'

S. 프로이트, 『루 안드레아스 살로메에게 보내는 편지(1873-1939)』

'글을 쓰면서 나는 어두운 한 지점에 모든 빛을 집중하기 위해 인위적으로 스스로를 눈멀게 해야 한다는 것을 알고 있습니다.'

십자가의 성 요한, 『갈멜산 오르기』

'기억은 희망 속에서 신과 하나가 되기 위해 자신으로부터 저 모든 형태와 종류의 지식을 또한 제거해야 한다.'

S. 프로이트, 『루 안드레아스 살로메에게 보내는 편지(1873-1939)』

'(…) 응집성, 조화, 건설적 효과, 그리고 당신이 상징적 요소라고 부르는 모든 것을 포기하기 (…)'

M. 부버, 『나와 너』(유대교 신비에 대한 언급)

'(…) 어머니의 자궁 속에서 인간은 우주를 알고 출생시 그것을 망각한다.'

십자가의 성 요한, 『갈멜산 오르기』

'(…) 기억이 다른 형태와 종류의 – 초자연적 방식으로 오는 비전, 계시, 말과 느낌 같은 초자연적인 것들에 대한 – 지식들에 대해 항상 갖고 있는 사랑. 이러한 것들이 영혼을 뚫고 지나갔을 때, 영혼 속에든 공상적인 기억 속에든, 때때로 매우 생생하고 효과적으로 어떤 이미지, 형태, 모습figure 또는 관념이 각인되는 습성이 남아 있다. 이러한 이미지들과 관련해 또한 조언을 해줄 필요가 있다. 기억이 그것들에 의해 방해받지 않도록, 그리고 그것들이 기억이 완전하고 순수한 희망 속에서 신과 연합하려고 할 때 장애물이 되지 않도록 말이다.'

앞의 인용문들은 다른 시대의, 다른 언어로 쓰여진, 다른 분과학문들의 정점vertex에서 취한 것들이다. 그것들은 이 논문이 쓰여지게 된 틀을 부여하는 담론을 보여준다.

정신분석은 관념ideas의 영역에 관심이 있다. 그것은 모든 종류의 사고와 느낌을 포괄한다. 그것은 제한된 영역, 제한된 인간 활동이라고 할 수 있지만, 그럼에도 우리의 작업 과정에서 우리에게 제시되는 모든 사고, 느낌, 관념을 고려한다면, 그것의 범위는 광대하다. 물질과학에서 인간은 물질적 재료를 다룬다. 정신분석가들은 성격, 인성, 사고, 관념, 그리고 느낌에 관심이 있다. 그러나 어떤 학문이든지 원초적이고 근본적인, 변할 수 없는 기본적 선lines이 있다. 진리 말이다. 프랜시스 베이컨에 따르면 빌라도는 '진리가 무엇이냐?'라고 조롱했으며 대답을 기다리지 않았다. 우리도 아마 시간이 없기 때문에 기다리지 않을 것이다. 그럼에도 불구하고 바로 그것이 우리가 – 필연적으로 불가피하게 – 관심을 갖고 있는 것이다. 진리와 진리가 아닌 것이 무엇인지 알지 못하지만 말이다. 인간의 성격을 다루는 우리는 또한 거짓말, 기만, 회피, 허구, 환상, 비전, 환각에 관심이 있다. 정말로 이러한 목록은 무한히 길어질 수 있다.

환자들과의 관계에서 시간은 제한되어 있고, 따라서 선택을 피할 수 없다. 모든 옳은 해석 중에서 어떤 것을 정식화하기로 우리는 선택해야 하는가? 분석가의 자유의 폭은 아주 넓지만, 어쨌든 진리를 추구해야 하는 필요성, 옳은true 해석을 제시해야 한다는 필요성에 의해 어떤 테두리boundary에 제한될 수 있다고 보아야 한다. 치료를 받고자 하는 피분석자의 소망이 진실하다면, 그도 마찬가지로 제약을 받아야 한다. 그의 자유연상은 가능한 한 그가 진리라고 생각하는 것에 가까이 가야 한다. 분석가와 피분석자 사이의 토론 과정 그 자체가, 탐구의 대상이 되는 어떤 특수한 관념이 어느 정도로 진리인지 또는 거짓인지 평가하는 것을 더욱 가능케 해준다. 그러나 느낌을 '관념'이라고 불러야 하는가? 그것은 정의의 문제다. 그러나 우리가 관념을 우리의 탐구 영역에서 배제할 수 없듯이 느낌도 배제할 수 없다.

발생학자들은 '시신경 유두 소와optic pits'와 '청신경 유두 소와auditory pits'에 대해 말한다. 시신경 유두 소와가 한때 존재했었다는 증거, 즉 시각의 영역에서의 증거 – 또는 청신경 유두 소와가 한때 존재했었다는 증거, 즉 청각의 영역에서의 증거 – 가 인간의 정신과 육체 속에 살아 남아 있다는 것을 암시하는 흔적들이 인간 속에 여전히 존재할지도 모른다고 우리 정신분석가들이 생각하는 것이 가능한가? 시각적이든 또는 청각적이든 '발생학적' 직관에 관한 표식들을 여전히 보여주는 인간 정신의 어떤 부분이 존재하는가?

이는 학술적이고 중요하지 않은 문제로 보일 수 있다. 출생 이후의 사고와 감정적 삶, 그리고 출생 이전의 삶 사이에 어떤 연결이 존재한다는 프로이트의 진술에 어떤 진리가 있을 수 있다고 우리가 생각하지 않는다면 말이다. 단순화를 위해 질문을 과장해 보자. 우리는 태아가 사고하거나 느끼거나, 또는 보거나 듣는다고 생각해야 하는가? 그렇다면 이러한 사고 또는 느낌 또는 관념은 얼마나 원초적일 수 있는가?

나 자신과 (내가 시기심, 사랑, 증오, 성이라고 기술할 수 있는 [느낌], 그러나 강렬하고 [구체적으로] 형성되지 않은 느낌을 암시하는) 한 명의 성인 남자 또는 여자가 있는 치료실에서는 때때로 사건이 발생한다. 이러한 사건들 중 몇몇에 관한 나의 느낌을 표현하기 위한 개념을 빌려오기 위해서는 생리학과 해부학에 의존하는 것이 편리하다. 그리고 환자가 시상하부적subthalamic 또는 공감적 또는 유사공감적parasympathetic이라고 표현하는 느낌들 중 몇몇을 사고하기 위한 개념을 빌려오기 위해서도 그렇다. 환자들이 간명하고 절제된 방식으로, 그러나 위장되고 약한 용어로써 무언가가 언급하고 있음을 암시하는 방식으로 불안, 두려움 또는 증상(예를 들면 얼굴이 붉어지는 것)을 언급하는 – 대부분의 사람들이 정상적인 것으로 간주하는 느낌과 비교할 때 강렬함, 크기, 강요성 때문에 두려움의 대상이 되는 느낌에 영향을 미치기 위해 그것이 환자가 할 수 있는 최상의 것이기 때문에 – 경우들이 있다. 이와 유사하게, 환자는 자신이 생각하기에 아마도 기억할 수 없는 과거의 특성들 중 많은 것을 갖고 있는 미래에 대한 두려움을 표현할 수 있다. 그는 그것이 아직 발생하지 않았기 때문에 미래를 기억할 수도 없다. 이런 것들은 아주 약하게 표현되지만 실제로는 매우 강력할 수 있다. 그것들[관념들]이 아직 발생하지 않은 미래에 묻혀 있기 때문에, 또는 망각한 과거 속에 묻는 [과거], 그리고 우리가 '사고thought'라고 부르는 것에 속한다고 거의 말할 수 없는 과거에 묻혀 있기 때문에, 더 강하게 표현될 수 없는 관념들이 존재할 수 있다고 나는 상상할 수 있다. 만약 자신의 안구에 압박을 가하면 독자들은 이 물리적 압박에 대한 반응으로서 시각 장치의 반응이라고 할 수밖에 없는 것을 볼 수 있다. 그렇다면, 아마도 시신경 유두 소와는 심지어 출생이라는 극적인 휴지기 이전의 압력에 상응한다고 할 수 있을 것이다. 분석가의 관점에서 볼 때 피분석자가 성인 남자 또는 여자라는 사실이 아주 부담스러울 수 있고, 눈의 증거가 아주 부담스러워서, 시각 장치에 그렇게 명확하게 제시되지 않는 느낌들에 대해 분석가의 눈을 닫게 한다. 우리가 다루어야 하는 재료들을 분류하는 시도는 임시적 또는 과도적인 것으로 간주되어야 한다. 즉, 한 사고 또는 관념 또는 위치에서 다른 것으로 넘어가는 과정이지 영구적인 것, 탐구가 끝나는 정지 지점이 아니다. 분석가가 원치 않지만 보게 되는 것이 무엇인지 확신할 수 없을 때, 그는 어떤 상응하는 개념도 갖고 있지 않은 직관을 갖고 있는 위치에 있다. 이러한 직관을 '눈먼' 직관이라고 부를 수 있을 것이다. 어떤 관념도, 예를 들면 투사적 동일화도 내용을 갖고 있지 않으면 공허하다. 임상 분석가의 문제는 그가 자신이 육감 또는 직관 또는 의심을 어떤 정식화, 개념적 진술과 어떻게 조화시키는가라는 것이다. 그는 해석을 제시하기 **전에** 그렇게 해야 한다. 달리 말하면, 분석가의 역할은 과도기적 관념, 또는 이행 상태에 있는 관념을 필연적으로 포함하고 있다는 것이다. 마찬가지로 피분석자도 자유연상을 통해 자신이 알고 있는 경험을 정식화하려고 애써야 한다.

해석을 제시한다는 것은 분석가가 환자가 말하는 것에 대한 자신의 감각, 직관, 그리고 자신의 원초적 반응을 언어적으로 진술할 수 있다는 것을 의미한다. 이 진술은 물리적 행위가 효력이 있듯이 효력이 있어야 한다. 이미 커다란 어려움을 겪고 있는 피분석자의 어려움은, 심지어 그가 자유연상을 사용할 수 있을 때도 그가 할 수 있는 일은 사실상 거의 없다는 것 때문에 증가된다. 우리는 제약을 가해야 한다. 피분석자가 물리적 폭력에 자유롭게 호소한다면 분석가는 작업을 할 수 없다. 환자가 무기를 갖고 온다면, 분석가는 잠재적으로 위험한 상황을 처리하기 위해 물리적으로 경계하지 않을 수 없다. 환자가 총 대신 악기를 갖고 온다면 상황은 덜 심각하다. 어떤 종류의 악기는 분석가의 해석을 들리지 않게 만들지만 말이다. 일반적으로 사용 가능한 하나의 악기는 소리 지를 수 있는 능력이다. 다른 곳에서 나는 덜 재능 있는, 또는 덜 훈련받은 사람들에게 개방되어 있지 않은 방식으로 소리 지를 수 있는, 그리고 이를 통해 분석가에게 고통스러운 분석 회기를 만들어주는 가수에 대해 언급한 적이 있다.

카우치에 눕기를 원치 않는 환자들을 우리는 어떻게 생각해야 하는가? 카우치에 눕는 것이, 견딜 수 있는, 또는 언어화할 수 있는, 또는 '이해할 수 있는' 능력을 넘어서는 물리적 압력에 그들을 종속시킨다고 말할 수 있을까? 분석가는 태아가 시신경 유두 소와에 대한 압력에 종속될 때 '볼' 수 있는 '광경sights'을 해석할 수 없다. 그것은 분석가가 환자들과 상세한, 오랜 접촉의 기회를 갖는 곳인 분석 과정에서의 분석가의 조사 대상이다. 분석가가 상이한 관찰자들과 여러 가지 경험에 대해 또한 토론할 수 있다면 공통적으로 관찰되는 것을 볼 수 있는 희망이 존재한다. 그것이 분석학계의 존재를 정당화해주는 것 중 하나다.

출생의 휴지기와 관련된 어려움과 유사한 어려움들이 존재한다. 유사한 휴지기가 예를 들면 동양과 서양의 거주자들 사이에 존재하는 것처럼 보인다. 이러한 유사점들/차이점들의 몇몇은 특히 시간[문제]에서 극적이다. 신비가들은, 때때로 수백 년의 시간에 의해 분리되어 있지만 놀랍게도 유사한 용어로써 자신을 표현한다. 어떻게 우리는 이 장애를, 출생의 휴지기를 관통할penetrate 수 있는가? 출생 이후의 의식적 사고로부터 (사고와 관념이 [아직] 사고와 관념이 아닌 곳에서 정신의 '시간' 또는 '차원'에서의 상응물counterpart을 갖는 곳인) 전정신적pre-mental 사고의 방향으로 저[출생의] 휴지기를 거꾸로 전달할 수 있을 만큼 의사소통의 방법이 충분히 '관통적'일 수 있는가? 그러한 관통은 양 방향으로 효과적이어야 한다. 그것은 여자의 내부로 관통해 들어가는 것 – 출생 시에는 내부에서 외부로, 성행위 시에는 외부에서 내부로 – 과 유사하다고 말함으로써 비유적으로 그것을 표현하기는 쉽다. 이러한 비유적 정식화들은 원초적이고 일반적이다. 그것들은 너무 일반적이기 때문에 어떤 정확한 순간에 무엇을 말하려고 하는지 알기 어렵다. 바로 그것이 분석가의 문제인 것이다. 우리가 그것에 대해 그러한 단어들을 사용해 이야기한다고 할지라도 아동기 또는 유아기로 되돌아갈 수는 없다. 다름 아닌 현재에서 우리는 장애물을 관통할 수 있는 정식화의 방법을 갖고 있어야 한다.

내가 생각하듯이 선택의 문제가 우리의 항구적 문제라면 이것은 또한 억제inhibition를 포함한다. 따라서 내가 하나의 해석을 제시하고자 한다면, 내가 제시하지 **않기**로 선택한 다른 해석들을 억제해야 한다. 선택은 의식적으로 수용하는 많은 관념 사이에서 이루어지기 때문에 일반적으로 이는 단순한 문제다. 그러나 환영받지 못하는 관념을 수용하는 것을 더 어렵게 만드는 병리적 성질을 억제가 갖고 있을 때 그것은 쉬운 문제가 아니다. 선택은 우리 중 몇몇이 '분열'이라고 부르는 것을 포함하고 있다. 아마도 넷 또는 다섯 개의 가능한 해석을 고려해야 할 것이다. 인간의 인성은 총체적인 것으로 존재한다. 우리는 가능한 여러 개의 관념 또는 해석을 정식화하기 위해 인성을 분열시켜야 한다. 그것을 나는 비병리적 분열이라고 부른다. 어떤 해석에 우선권이 주어져야 하는지 결정하기 전에 그러한 특수한 해석들의 순서를 매길 수 있는 어떤 방법을 우리는 찾아야 한다. 이는 그것에 관해 이야기하는 것과 동일하지 않은 방식으로 행해져야 한다. 즉, '행하기'는 더 신속해야 한다는 것이다. 해석은 올바른 순간에 제시되어야 한다. 따라서 이 비병리적 분열, 그러한 분열의 순서 매기기와 정식화의 선택은 신속하고 훈련된 정신의 일부이다.

정신분석가는, 한편으로는 자신의 삶의 경험으로부터 얻을 수 있는 것에, 다른 한편으로는 그가 자신 앞에서 전개되는 사실들이라고 간주하는 것에 제한된다. 정신분석 임상에서 분석가는 피분석자의 현존이라는 장점을 갖고 있다. 가능성들은 열려 있다. 우리는 피분석자가 무슨 말을 하게 될지, 또는 자신과 자신의 성격을 표현하기 위해 무엇을 행하게 될지 알지 못한다. 분석가는 환자가 현존하고 관찰되는 동안 그가 얻을 수 있는 사실들에 의존한다. 환자가 회기 바깥에서 무엇을 행하는지 분석가는 알 수 없다. 풍문으로 들은 증거는 오류이거나, 직접적 증거와 비교할 때 가치가 적다.

유아는 어떤 형태의 자극들에 대해 놀라는 반응을 보일 수 있다. 한편으로 우리 어른들에게는 의식적으로 더 놀랍지만 유아에게는 그렇지 않은 자극들이 있다. 분만 병동에서 아기는 문이 세게 닫히는 소리를 듣는다는 표식을 보이지 않는다. 성인 관찰자에게는 그 소리가 거슬리지만 말이다. 이와 마찬가지로, 분석에서 분석가는, '가볍지만' 그럼에도 불구하고 중요하며 따라서 환자에게 주목시킬 만한 가치가 있는 어떤 반응들을 관찰할 기회가 있다. 이러한 사소한 동작들 또는 소음들은 (침묵이 지배하는 환자들과 대조되는) 실제적으로 분명하게 표현하지 못하거나 침묵하는 환자들에게서 명확하게 등장할 것이다. 이러한 종류의 경험은 비非참여자에게 전달하기 어렵다. 그것은, 아무리 분석 경험이 많다고 할지라도 분석가가 특수한 피분석자와 갖는 경험을 알 수 없는 동료들과의 의사소통의 문제들 중 하나다. '자폐 아동', '정신병적 경계성 장애' 등과 같은 어떤 용어들도 크게 도움이 되지 못한다. 왜냐하면 분석에서의 경험은 더 섬세하고 상세하며, 따라서 이러한 상당히 조악한 구분들 – 우리가 의학 또는 존재하는 철학 또는 분석 이론으로부터 얻을 수 있는 구분들 – 로 구분되기 어렵기 때문이다.

분석은 시간 속에서 이루어지기 때문에, 사람들은 분석가가 말할 때 그가 또한 시간 속에서 '순서지어진' 사태들을 기술하고 있다고 믿는 경향이 있다. 환자와 분석가는 어떤 것이 과거에 발생했다고 생각하기 쉽다. 이는 우리가 **현재** 속에 존재한다는 사실을 은폐한다. 따라서 마치 우리가 과거를 다루고 있다고 생각하는 것은 심각한 오류를 낳는다. 끊임없이 변화하는 하나의 인성이 다른 인성에게 이야기하고 있다는 사실이 분석의 모험을 어렵게 만든다. 인성은 마치 그것이 길게 늘어날 수 있는 탄력성 있는 존재이라는 듯이 발달하지 않는 것 같다. 그것은 양파처럼 많은 피부skins를 갖고 있다는 듯이 발달한다. 이 점은 휴지기라는 요소에 중요성을 [덧붙인다], 그리고 출생과 같은 극적인 사건으로 인정될 수 있는 것을 관통해 들어가야 할 필요성, 또는 성공이나 붕괴breakdown의 가능성을 덧붙인다. 환자는 '돌파 작업breakthrough' 보다는 이별breakup 또는 붕괴break를 겪는다. 그것[외양]을 성공적인 파멸로 만들어준 불행에 의해 외양이 구출된다.

나는 의식 또는 무의식이라는 관념을 버리기를 원치 않는다. 적절하게 사용된다면 존재하는 이론들은 어떤 상황에 대해 사고하거나, 또는 자기가 없는 어떤 사람someone not-self을 위해 그 상황을 해명해주는 가치를 갖고 있다. 우리가 분석 과정 중에 듣는 이러한 관념은 어떤 때는 해석이었다. 지금은 '자유연상' 이지만 말이다. 우리는 표피 또는 의식이었지만 지금은 '자유연상'인 일련의 피부들skins을 다루고 있다.

프로이트가 자궁내적 상황으로 기술하는 상황으로부터, 의식적인 그리고 휴지기 이후의 상황으로 관통하고 있음을 보여주는 증상은, 피분석자가 열려 있던 성공의 가능성을 이용할 수 있는 능력이 있다는 것을 의미한다. [어떤 고려되는] 사건이 출생 그 자체라는 극적인 일화와 관련되어 있다고 말하려는 것이 아니다. 내가 말하려고 하는 것은, 그 극적인 상황[출생]을 염두에 둔다면, 환자가 하나의 정신 상태에서 다른 정신 상태로 이행할 것을 도전받을 때 반복적으로 발생하는, 훨씬 덜 극적인 사건들을 이해하기 위한 모델로서 출생을 사용하기가 더 쉬워진다는 것이다. 달리 말하면, 기회가 열려 있을 때 또는 잘 설명해야 하는 명백히 재난적인 어떤 사태들이 존재할 때, [정신의] 상태들 사이의 장애물 또는 층들을 관통할 수 있기 위해서 말이다. 극적인, 또는 명백한 외적 사건에 대해 우리가 할 수 있는 것은 아무것도 없기 때문에 그것은 후에 자유연상이 될 해석 – 전혀 명백하지 않은 사건에 대한 – 을 제공해준다.

이제 나는 비분석적 상황, 즉 환자가 결정을 내림으로써 자신이 처한 사태에서의 변화를 다루어야 하는 상황을 고찰하고자 한다. 이 상황은 뱀과 사다리 게임에 비교될 수 있다. 환자는 뱀의 머리로 내려가는 선택을 할 수 있는데, 이때 그는 안 좋은 상황을 다시 만날 수 있으며 한탄하고 후회하게 된다. 또는 그는 사다리에 도달해서 최종 목표를 향해 여러 칸을 움직일 수 있는 위치로 갈 수 있다. 그러나 그렇게 되지 않을 때 그는 마찬가지로 후회할 수 있다. 어떤 상황이든 환자의 선택은 결과에 재적응할 것을 강요한다. 많은 것이 환자가 자기를 증오하거나, 자기를 사랑하는 정도에 달려 있다는 것이다.

분석가의 상황도 피분석자의 상황과 유사하며, 그 점에서 그는 분석 그 자체가 그것[현실 세계]의 일부인 현실 세계 속에 살고 있다. 따라서 그는 대답을 알지 못하기 때문에, 또는 적절한 해석을 생각해낼 수 없기 때문에 침묵해야만 하는 가능성을 포함해, 선택을 해야 하는 상황 속에 놓여 있을 수밖에 없다. 그는 시간을 보내는 유일한 방법인 해석하기에 스스로 몰두할 수 있다.

예를 들면 청혼해야 할지, 또는 청혼을 받아들일 것인지와 같은, 모든 사람이 직면해야 하는 결정에 대해 생각해보자. 어떤 경우든 두 사람은 결정해야 한다. 나는 예이츠의 시 '솔로몬과 마녀'에서 바로 이러한 딜레마에 관한 구절을 인용해보겠다.

사랑은 거미의 눈을 갖고 있네,

어떤 적당한 고통을 알게 되지만-

그래, 모든 정열이

선택과 기회의 잔인함으로

모든 신경을 위해, 그리고 연인을 시험하기 위해

시선 속에 있지만-.

그리고 살인이 끝났을 때

아마도 신부의 침상은 절망을 가져오리,

상상된 이미지는 거기에

실제적 이미지를 가져오고

그것을 발견하네.

출생처럼 결혼이라는 휴지기도 극적이다. 그것은 결혼 당시와 그 이후의 사건들이 결혼 이전에 발생한 사건들에 의해 영향 받는다는 사실을 은폐한다. 프로이트가 출생에 관해 그렇게 말했듯이, 환자의 정신 속에 있는 사건들은 사실상 자궁 속에서 벌어졌던 사건들에 의해 크게 영향 받는다. 이를 이론적 목적을 위해 사용하면 이렇게 말할 수 있다. 궁극적으로 시간의 자궁 속에 있는 사건들은, 이제 현행적인actual 것이 된 상황에서 행위해야 하는 당자자의 의식적 삶 속에서 자신을 드러낸다.

임의의 수의 상이한 휴지기들이 존재한다. 어떻게 그것들을 횡단할traverse 수 있는가? 우리는 자유연상과 해석의 과도기적 성격을 다시 고찰해야 한다. 그것과 반대로, 환자 또는 분석가가 궁극적으로 도달하기를 원하는 상황이라고 우리가 부를 수 있는 것이 있다. 뱀과 사다리 보드 게임판의 100이라는 표시가 그런 것이다. 하나에서 다른 하나로 이행하는 과정에 수많은 사다리와 뱀이 있다. 자유연상 각각은, 그리고 해석 각각은 우리가 정신분석하는 상황에서의 변화를 표현한다. 심지어 잘못된 해석도 변화를 야기한다. 오류의 – 고의적으로 오류를 범한 – 진술의 형태로 제시된 잘못된 정보는 상황을 변화시킨다. 얼마나 신속하게 우리가 변화된 상황을 알 수 있게 되는가? 그리고 얼마나 신속하게 그 변화된 상황 – 그것이 불리한 상황이라 할지라도 – 을 잘 이용할 수 있다는 것을 우리가 알 수 있는가? 지옥에서 옛 친구들을 만날 수 있다는 희망이, 지상에서 적절히 준비하지 못한 천국에 대한 전망보다 지옥에 대한 전망을 덜 두려운 것으로 만든다.

그러나 이는 계속해서 행한 결정들에도 적용된다. 불운한 결정에 대해 한탄할 수 있다. 우리가 불운한 결정을 내리거나 또는 불운한 해석을 제시하지 않았다면 얼마나 끔찍했을까? 분석에서 우리는 잘못된 결정으로부터 회복하고 그것을 사용하는 데 익숙해져야 한다.

영국인과 미국인은 언어 외에 모든 공통점을 갖고 있다는 말이 있다. 이는 분석가와 피분석자에게도 적용된다. 분명히 언어는 존재하는 하나의 의사소통 수단이다. 그럼에도 불구하고 그것은 또한 그들이 공통적으로 갖고 있지 않은 수단이다. 아마도 그들은 다른 정점에서 말하고 있기 때문일 것이다. 다른 지점에서 본 산이 같은 산이라고 인정될 수는 있다. 그러나 그것은 너무 다르게 보이기 때문에 완전히 다른 산처럼 느껴진다. 얼굴이 붉어지는 증상 때문에 심각하게 고통을 겪고 있다고 말하지만, 분석가의 관점에서는 거의 항상 얼굴이 극히 창백해 보이는 특징을 갖고 있는 환자에 대해 생각해보자. 얼굴이 붉어지는 것을 싫어하는 환자가 피의 순환을 억제함으로써 얼굴이 붉어지지 않도록, 즉 붉어지는 얼굴 부분이 창백해지도록 하는 것이 가능할까? 나는 이런 일이 실제로 가능하다고 말하는 것이 아니다. 그러나 이러한 '직관'을 해석에 도달하는 하나의 과도적 진술로서 알리는 것이 유용하다고 생각한다. 해석에 도달하기 위해 사고하기의 이러한 과도적 방법에 익숙해지는 것이 중요하다. 해석은 또한 즉시 변화하는 상황에 도달한다. 해석이 정확한 것이든 부정확한 것이든, 저 변화된 상황에 직면하기 위해서는 새로운 해석들을 제시해야 할 것이다.

환자가 카우치에 눕기를 원치 않는다고 가정해보자. 그는 의자에 앉았지만 상당히 불편해 보였고 다른 의자로 옮겨 갔다. 이것은 자율신경계에서 생겨난 자극들에 대한, 또는 중추신경계에 의한 자극들 – 의자 또는 카우치를 보는 것이 불편해서 생겨난 – 에 대한 반응일 수 있다. 그것은 환자가 보고할 수 없는 [꿈들], 또는 그가 자유연상을 통해 설명할 수 없는 꿈들에 대한 보고일 수 있다. 만일 그가 꿈을 꾸지 않았으며, 밤에 잠을 자지 못해 근육에서 어떤 불편함을 느낀 것이라면, 그것들[꿈들에 대한 설명일 수 있다고 내가 제안한 것들]은 부적절하다.

사실은 감각적 경험인 꿈을 꾼 후, 환자는 분석가가 그[환자]

로부터 기대한다고 생각하는 것과 더 많이 일치하는 꿈을 찾아야 한다. 자유연상의 부재를 통해 그는 종종 그것은 일상적인 꿈이 아니라는 사실을 드러낸다. 이는 자신이 정신병자이거나 미치게 될까 봐 두려워하는 환자에게 특히 적용된다. 그는 자신이 신경증적인 방식으로, 그리고 정신병보다 덜 심각하다고 간주하는 방식으로 행동하고 말하기를 더 좋아한다. 역으로, 환자는 자신이 덜 중요하다고 생각하는, 그리고 분석가가 중요하지 않다고 간주할 수 있기를 그[환자]가 희망하는 진술을 행한다. 예를 들면 얼굴 붉어짐을 불평하는 환자처럼 말이다. 어떤 환자들은 자신이 특수한 경험을 했다고 반복적으로 말하고 그 이유를 밝히면서, 그것을 자신의 정식화의 본질적인 부분으로 만든다. 이러한 계속되는 반복은 단지 인과적 세계 속에서 살고 있는 사람의 고유한 정신 상태를 암시한다. 그러나 원인이 지배적 특징이라고 말해질 수 있는 유일한 세계는 사물의 세계 – 사람, 성격 또는 인성의 세계가 아니라 – 이다. '…하기 때문에' 나는 이러이러하게 느낀다고 항상 우리에게 말하는 환자는 하나의 성격과 다른 성격 사이에 존재하는 특수한 관계를 회피하고 있다.

정신병적, 신경증적, 심신적psycho-somatic, 신체정신병적soma-psychotic 등을 만날 때 이것들이 무엇이라고 우리가 생각하는지, 우리 자신의 경험으로부터 고찰하기 위해 이러한 흔한 정식화들에 대해 다시 검토해볼 필요가 있다. 환자는 아마도 옳은, 많은 그럴듯한 설명과 함께 두통에 대해 불평할 수 있다. **합리적** 설명은 그것이 유일하고 중요한 것일 때 적절할 수 있다. 그러나 논리적인 것처럼 보이기 때문에, 또는 우리가 갖고 있을 논리의 커다란 힘과 어울리기 때문에 인간 정신에 호소력을 지닐 수 있는 것은 결코 사실적 상황에 대한 옳은 해석일 수 없다. 사실적 상황은 우리의 이해 또는 경험 너머에 있기 때문이다. 우리가 갖고 있는 그러한 능력에 맞추기 위해 그러한 경험을 왜곡하는 것은 위험하다. 다른 한편으로 의학, 예술, 종교는 현실의 현행적actual 현상을 기술하거나, 우리로 하여금 그것을 의식적으로 알 수 있도록 해주기에 적합하지 않다고 분석가가 생각하는 것도 마찬가지로 위험하다. 분석가는 비병리적 분열의 방법이리라고 우리가 희망하는 것을 사용해야 한다. 우리에게 제시되는 전체적 상황total experience은 우리의 능력 너머에 있기 때문이다. 우리가 성인으로서 알고 있는 세계를 파악하는 것이 유아의 능력을 넘어선다고 우리가 가정하듯이 말이다. 유아가 현실 세계의 일부를 보는 것은 자연스러운 일이다. 그러한 특수한 관점view은 잘못된 것이 아니다. 그것은 충분치 못한inacequate 것이다. 우리가 이해하는 것의 관찰에만 우리를 제한하는 것은 현재와, 아마도 미래의 지혜와 지식이 의존할 수 있는 원재료를 부인하는 것이다. 우리의 정신이 그것을 파악하기에 부적절하거나, 훈련되지 않았다는 이유로 그것을 지금 이해할 수 없다는 것이, 현재적으로 관찰 가능한 사실을 제한시켜야 할 이유가 될 수 없다.

성인으로서 분석가가 관심을 가져야 할 분열은 환자 또는 아이 또는 유아가 볼 수 있는 몇몇의 것을 볼 수 있도록 해준다(그리고 그 역도 참이다). 그것들은 [어떤 것들을] 구별하기 위해 본질적이다. 이는 결혼의 장점 중 하나라고 말할 수 있다. 말하자면 두 상대자는 단점을 모으고 이를 통해 그들의 지혜를 또한 모은다. 분석에서 우리는 어떤 때는 의식적으로 또는 무의식적으로 어떤 특수한 관점 또는 특수한 정점 –관점을 볼 수 있는 정점– 을 취했던 하나의 전체적 인성을 본다. 이는 사람들이 보기를 원치 않는 관점을 볼 수 있는 능력의 억제를 항상 포함하고 있다. 정신병 환자는 정상인이 볼 수 있는 것을 억누르거나suppress, 보지 못하거나 알지 못하는 것을 두려워한다. 성격이란 정신병 빼기minus 신경증, 또는 정신병 빼기 정상성, 또는 정상성(합리성) 빼기 신경증(또는 정신병)이다. 중요한 것은 환자가 경계성 정신병자 또는 정신병자 또는 신경증자라는 것이 아니다. 그는 '전체적 성격 **빼기** …'다[2]라는 것이 중요하다. 그렇다면 이제 우리는 환자에게서 무엇을 뺄셈 했는지에 대해 판단해야 한다. 튼튼한 상식과 건강성의 캐리커처라고 거의 말해질 수 있을 만한 사람이 실제적으로는 중요한 요소들을 결여하고 있는 사람 – 정신병자는 '미친' 또는 '건전하지 못한insane' 사람이라고 그가 믿기 때문에, 또는 그가 건전하지 못한 사고나 관념을 갖고 있다고 알려져 있다면 누군가가 그가 건전하지 못한 사람이라고 믿기 때문에 – 이 아닌지 우리는 판단해야 한다는 것이다. 우리는 예술가, 음악가, 과학자, 탐험가 등을 이러한 과도적인 사고와 관념을 품을 용기를 가진 사람들이라고 간주할 수 있다. 이행이 과정에서, 즉 한 위치에서 다른 위치로 변화하는 과

2) | 작은따옴표는 역자가 첨가한 것임. –역주

정에서 이러한 사람들은 가장 상처를 받기 쉬운 것처럼 보인다. 예를 들면 사춘기나 잠재기 때가 그렇다. 동시에 그들은 인간의 총체성을 견딜 수 없는 사람들, 따라서 '미친', '호기심 많은', '별난' 또는 '건전한sane' 누군가를 견딜 수 없는 사람들의 관찰 때문에 상처를 받는다. 나는 군대에서 다른 장교의 '건강한 상식'에 대해 불평했던 동료 장교를 기억한다. 그는 이렇게 말했다. '그 사람은 왜 사람들이 **무례한 건강**에 대해 이야기하는지 이해할 수 있게 만들죠. 나는 그 사람만큼 건강함을 통해 무례함을 범하는 사람을 알지 못해요.' 어떤 사람의 능력에 대한 질투와 시기심을 인정할 수 있다고 하더라도, 다른 사람[이 불러일으키는], 또는 우리 자신의 정신 상태와는 다른 정신 상태[가 불러일으키는], 또는 우리가 우리의 동료들에게 항상 있다고 생각하기를 좋아하는 정신 상태와 다른 우리의 정신 상태가 불러일으키는 적대감과 저항을 볼 수 있기 위해서 해야 할 말이 있다.

이로써 으리는, 사람들이 한 정신 상태에서 다른 정신 상태로 이동할 때 어떻게 휴지기를 초월해야 하는가, 발달의 심리적 또는 정신적spiritual 과정에서 어떻게 다양한 장애물을 넘어설 수 있는가, 그리고 이러한 장애물들을 병리적인 것으로 간주하고 병리적 용어로써 그 장애물들을 기술할 필요가 있는가, 아니면 그것들은 실제로 비병리적인 것들인가라는 문제로 되돌아갔다. 정신분석 경험에서 우리는 다음 두 방향의 이행에 관심을 갖는다. 즉, 우리가 알지 못하는 것에서 우리가 알거나 의사소통할 수 있는 것으로의 이행과, 우리가 알고 있고 의사소통할 수 있는 것에서 우리가 알지 못하는 것 – 그것이 무의식적이기 때문에, 그리고 심지어 출생 이전의 심리적 또는 정신적 삶에 속하지만, 어떤 단계에서 물리적 자극이 즉시 물리적 행동으로 이행하게 되는 물질적 삶의 일부가 되었기 때문에 – 으로의 이행 말이다. 수동적 상태에서 능동적인 물리적 상태로의 과도적 경험은 우리가 심지어 잠재적으로 합리적인, 그리고 분명하게 말을 잘 하는 사람을 다룰 때도 반영된다. 우리는 이러한 의식적인 합리적 의사소통의 표현에서도 사실상 물리적(물질적)인 인성의 한 부분으로부터 오는 어떤 것의 흔적을 발견할 수 있는가? 때때로 우리는 그것을 심신의학psycho-somatic medicine이라고 부른다. 다른 경우에, 그것이 **현재**의 인간의 영역에서 유래한다 – 그것이 한때 원초적으로, 그리고 물리적(물질의) 영역에 존재했었다고 할지라도 – 는 것을 우리가 환자의 정신적 삶에서 발견할 수 있을지 충분히 분명하지 않다. 이는 정신분석적 과정의 장애물[에 관해], 분석가와 피분석자의 관계의 발전[에 관해], 그리고 실제적인 분석 상황에서 제시되지만, 표현된 언어나 사고의 영역에서 의사소통될 수 있는 용어로 통상적으로 해석되지 않은 현상 – 심지어 환자에 의해서도 결코 해석될 수 없었던 현상 – 을 고찰하는 것에 관해 상이한 견해를 취한다는 것을 포함한다. 우리가 편두통 같은 것을 심리적 용어로 해석할 수 있다고 말하려는 것이 아니다. 이것은 강의, 슈퍼비전, 동료들과의 토론 등에서 등장할 수 있는 종류의 의사소통에 관한 어려움들 중 하나다. 어떤 유형들의 두통에서 등장하는 빛 패턴들의 공고화가 정신의 출생 이전의 차원에서 정말로 유래한다고 볼 가능성이 있다고 내가 제안할 때, 내가 전제하고 있는 가정, 육감 또는 의심suspicion은 극히 복잡한 어떤 것, 즉 (정신분석적 연구가 실제로 수행될 수 있는 하나의 상황에서의, 즉 분석에 참여하고 있는 환자들이 있는 치료실에서의) 정신분석적 연구의 장애물에 개입하며, 스스로 정신분석 연구의 장애물이 되는 어떤 것에 대한 쉬운 설명을 제공하는 것처럼 보인다. 내가 단순한 의심 또는 추측으로 제시하는 것이 하나의 이론으로 변화될 수 있고, 또는 그것이 해석으로 직접 변형되기 위해 사용될 수 있는 어떤 것이라는 듯이 다루어질 수 있다. 그것이 가능한 일이라면, 내가 말하는 것은 자산이라기보다는 부채가 된다. 이 논문을 읽는 분석가는 그것을 잊어버리고, 자신의 정신으로부터 버릴 수 있어야 한다. 그것을 자신[분석가]의 의식으로 불러내고, 그러고 난 후 그로 하여금 그것을 자신이 사용할 수 있는 언어로 정식화할 수 있도록 해주는 어떤 것을 피분석자가 말하지 않는다면 말이다.

이러한 논의가 정신분석가를 위해 임상적 가치를 갖고 있는가? 그것은 이론 – 정신분석 이론뿐만 아니라, 금융, 정치학, 수학, 회화, 음악 등 다른 이론도 포함해 – 이 아니라 임상에 대한 나의 강조에 의해 유발될 수 있는 질문이다. 내가 연구해야 할 유일한 재료는 인간의 성격이다. 또한 그것은 나를 연구할 수 있으며, 그것이 원한다면, 그리고 원할 때 나의 사무실에서 자유롭게 걸어 나온다. 나는 그렇게 할 수 없기 때문에(사실들에 대한 예의와 존중의 범위 내에 머물러야 하므로), 재료가 나의 평가를 위해 제시될 때 사람들로 하여금 (그들이 견딜 수 있는) 대화에 몰두할 수 있도록 해주는 어떤 방법을 나는 찾아야만 한다. 화가는 자신의 예술을 실천할 수 있는 캔버스의 성질을 평가할 수 있을 것이다. 조각가는 자신이 성찰하는 나무의 입자 또는 조약돌을 식별할 수 있을 것이다. 작곡가는 자신의 '내적' 눈이 시각을 침범하는 것을, 또는 자신의 '내적' 귀가 소리를 침범하는 것을 허용할 수 있을 것이다. 그리하여 그는 [재료들을] 구별해내고, 그 후 그것을 음악으로 변형시킨다. 정신분석가는 자신을 보러 오는 사람에 대한 평가를 어떻게 전문적으로 변형시키는가? 박식한 논문으로? 해석으로? 출간된 판단으로?

피분석자가 명백히 울기 시작한다고 가정해보자. 분석가는 동정심이라는 자신의 자산을 인지하게 되며, 강화된 철로 만든 정이 발사balsa 나무를 자르듯이 그의 대답들이 너무 쉽게 패턴 – 그것의 효과는 쉽게 망각되거나 교정될 수 없다 – 을 형성하지 않도록 조심스럽게 참여할 수밖에 없다. 분석가는 환자의 눈물에 영향을 받는다. 환자의 눈물은 분석가의 침착함 – 환자 속에 불러일으켰을까 봐 분석가가 두려워하는 [분석가에 대한] 비난만큼이나 영속적인 침착함 – 속에 존재하는 통로들을 추적할 수 있기 때문이다. 따라서 그는 (이론이 아니라) 실제 생활에서 '눈물'과, 분석가의 조사에 개방된 육체의 표면에서 돌출된 '물기' – 자기 자신과 피분석자 양자의 물기 – 의 차이에 민감해야 한다.

나 자신의 편의를 위해 프로이트의 진술을 고쳐 말해보자. 해부학적으로 적합한 양자들quanta과, 의식적 사고와 느낌의 파장들 사이에는 전이와 역전이의 인상적인 휴지기가 우리로 하여금 믿게 만드는 것보다 더 많은 연속성이 존재한다. 그래서… ? 휴지기를 탐구하라. 분석가, 피분석자, 무의식, 의식, 정상성sanity, 비정상성insanity이 아니라 휴지기, 연결, 시냅스 (역)전이, 타동사적-자동사적 정서transitive-intransitive mood를 탐구하라.

이 지점에서 나는 아직 발견되지 않은, 또는 정교화되지 않은 바로 그 요소들이 없기 때문에 더 이상 나아갈 수 없다. 그것이 인간에게 봉사해야 하는 결정의 전형적 특징이다. 사용될 수 있는 지식이 없는 그러한 시점에서 말이다.

역자 후기

이 책은 비온의 『두 논문 : 좌표와 휴지기』를 옮긴 것이다. 첫 번째 논문인 「좌표」는 『야생적 사고 길들이기』의 「추천사」에서 언급하듯이 1971년에 발표된 논문이다. 비온은 『정신분석의 요소들』(1963)을 집필하던 시기에 「좌표」라는 논문을 이미 동시에 집필했다(이것의 출간은 1977년에 이루어졌다). 본서, 『두 논문 : 좌표와 휴지기』에 수록된 「좌표」는 약 8년이 지난 후에 쓴 동일한 제목의 새 논문이다(이 논문과 이전의 논문, 그리고 『정신분석의 요소들』의 관계 및 그 의미에 관한 상세한 논의는 『야생적 사고 길들이기』의 「추천사」 참조. 그리고 사고 발달에 관한 정신분석적 논의와 좌표에 관한 최초의 상세한 논의로는 『제2의 사고』의 「사고하기에 관한 이론」과 『정신분석의 요소들』 5-6장 참조).

『두 논문 : 좌표와 휴지기』에 실린 좌표에 관한 논문은 『정신분석의 요소들』과 『야생적 사고 길들이기』 이후 약 8년이 지나고 다시 쓴 논문이므로 여기에서 비온은 좌표의 문제점에 대한 '자기비판'을 덧붙이지만, 이를 '후기' 비온이 좌표를 폐기했다거나 그것의 무용성을 주장했다는 의미로 받아들여서는 안 될 것이다. 좌표에 관한 비온의 다른 모든 언급이 그러하듯이 여기에서도 비온은 좌표가 "관찰 또는 정신분석을 대체" 하는 것이 아니라 "그것을 위한 서막"으로 활용되어야 함을 강조한다. "좌표는 정신적인 운동 도구를 제공하는 것"이며, 피분석자의 "의도적 공격, 분석가 자신의 본질적 연약함과 일상적 피로" 때문에 생겨나는 "위험으로부터 어느 정도 격리된 채" 사용함으로써 분석의 명확성을 높일 뿐만 아니라 분석가 자신의 자기 분석 및 성찰에 기여한다 (좌표는 내담자뿐만 아니라 분석가의 진술에도 적용되기 때문에).

다른 한편으로 비온은 "좌표를 사용하려 할 때 생겨나는 최초의 재난은 좌표 그 자체"라고 말하며 그것의 문제점을 지적하지만, 동시에 "좌표의 사용은 나의 작업에 대한 비판적인, 그러나 정보를 제공해주는 계몽적 태도를 유지하는 것을 용이하게 해주었다"고 말한다. 한마디로, 좌표는 정신분석 이론은 **아니지만** (그것을 기계적으로 활용하지 않는다면) **상담가나 연구자의 직관 및 사고 능력을 향상시켜줌으로써** 정신분석 이론에 대한 이해와 임상 실천을 도와주는 도구라고 말할 수 있다. 또한 좌표는 인성과 사고의 발달과 진술의 사용에 관한 '철학적' 또는 '수학적' 이론을 참조하고 있으므로 정신분석적 사고의 지평을 넓히는 데도 기여할 수 있다.[1]

더욱이 우리는 이 글에서 비온이 각 좌표 범주들의 섬세한 차이를 설명하면서 이를 통해 임상 실천과 이론적 작업을 위한 우리의 정신적 직관을 **실제로 훈련시키고 있음**을 발견한다. 예를 들면 신화, 꿈, 이미지에 적용되는 C행에 대해 논의하면서 비온은 오이디푸스 신화, 우르의 왕의 무덤, 팔리누루스의 죽음 등의 신화 또는 서사에 대한 분석을 통해 꿈과 신화, 꿈꾸기reverie의 작용 방식과, 그것이 인성의 성장과 발달에 미치는 다양한 영향을 우리 스스로 **체험할 수 있도록 인도한다**.

1) | 비온, 『제2의 사고』, 「사고하기에 관한 이론」, 201쪽 참조.

「휴지기」에서 비온은 프로이트가 「억제, 증상, 불안」에서 언급한 바 있는 휴지기 개념을 확대하며 이것이 갖는 임상적, 이론적 의미를 확대한다. 물론 프로이트의 이 텍스트는 클라인의 임상체계 확립 – 증상과 불안, 죽음 충동의 관계 – 에 결정적 영향을 미친 프로이트의 저작들 중 하나지만, 비온은 한 걸음 더 나아가 이 글에서 프로이트가 언급하는 휴지기의 임상적 중요성을 부각시킨다. 비온이 인용하듯이 프로이트는 거기에서 "나태적 삶과 가장 초기의 유아기 사이에는 출생 행위의 인상적 휴지기가 우리로 하여금 믿도록 만드는 것보다 훨씬 더 많은 연속성이 존재한다"고 말했다. 「휴지기」에서의 비온의 논의는 「좌표」에서 비온이 언급했던 환자, 즉 '발성'에 어려움을 느끼는 내담자, 그리고 『제2의 사고』, 「연결에 대한 공격」에서 인용하는 사례의 내담자에 관한 논의와 연관되는 것 같다. 실험실에서 폭발 사고를 당했던 이 내담자의 표현되지 못한 이러한 '이름 없는 공포nameless terror'를 생의 초기 경험까지 추적해 들어가면서 비온은 언어화될 수 없는 이 원초적 흔적과 공포를 직관하고 이를 언어화할 수 있는 분석 테크닉과 이론을 설명하고자 한 것이다. 이를 통해 그는 특히 "우리가 알고 있고 의사소통할 수 있는 것에서 우리가 알지 못하는 것 – 그것이 무의식적이기 때문에, 그리고 심지어 출생 이전의 심리적 또는 정신적 삶에 속하지만, 어떤 단계에서 물리적 자극이 즉시 물리적 행동으로 이행하게 되는 물질적 삶의 일부가 되었기 때문에 – 으로의 이행"을 감지하고 해석하는 데 도움을 주고자 한다. 그러나 비온이 말하는 휴지기 개념은, 태내적 삶과 출생 이후의 삶의 관계나 '출생 외상' 등에만 적용되는 것이 아니라 언어화될 수 없는 **'이름 없는 공포'**, 전언어적preverbal 외상이나 사건을 지칭하는 좀 더 **넓은 의미**로 이해되어야 한다.

좀 더 일반적으로 말하면 비온이 휴지기에 주목하는 것은 다음의 임상적 질문으로 되돌아가기 위해서다. "한 정신상태에서 다른 정신상태로 이동할 때 어떻게 휴지기를 초월해야 하는가, 발달의 심리적 또는 정신적 과정에서 어떻게 다양한 장애물을 넘어설 수 있는가. 그리고 이러한 장애물들을 병리적인 것으로 간주하고 병리적 용어로써 그 장애물들을 기술할 필요가 있는가, 아니면 그것들은 실제로 비병리적인 것인가?" 비온은 이러한 질문에 답하기 위해 "정신분석적 과정의 장애물들", 분석가와 피분석자의 관계의 발전". 그리고 "실제적인 분석 상황에서 제시되지만, 표현된 언어나 사고의 영역에서 의사소통될 수 있는 용어로 통상적으로 해석되지 않은 현상들 - 심지어 환자에 의해서도 결코 해석될 수 없었던 현상들 - 을" 고찰할 수 있기 위해서는 "지금가지 우리들이 취해왔던 것과는 상이한 견해"를 취해야 한다고 역설한다.

따라서 우리가 **통상적인 용어로는 해석되지 않는 현상들을 해석할 수 있으려면** '치료'하고자 하는 과도한 '욕망'과 '확립된 정신분석 이론'은 물론 '내담자의 역사'에 대한 기억을 적어도 분석 회기 동안에는 버릴 수 있어야 한다.[2] 비온이 강조하듯이 내담자에 관해 새로운 것을 경험 또는 관찰할 수 있는 유일한 시간이 **분석 회기**이다. 분석가의 과도한 욕망과 기억은 내담자가 우

2) 비온, 『제2의 사고』, 202쪽 참조.

3) 비온에 따르면 '감각'은 "본래적 현실화[현실성]"를 갖지 않는 정신적인 것이기 때문이다. 따라서 "감각이라는 표현을 이러한 방식으로 사용하면, '$\overleftarrow{\text{욕망}}$'이라는 정식은 '$\overrightarrow{\text{기억}}$'과 동일한 가치를 갖게 될 것이다. 전자는 발생한 사건을 지칭하고 후자는 발생하지 **않은**, 따라서 통상적으로 '기억된다'라고 기술될 수 없는 사건을 지칭한다. 발생하지 않은 어떤 것을 '기억한다'고 일상 영어의 용법에 따라 기술될 수 있는 내담자는 환각 증상을 보인다고 기술되는 내담자와 유사하다. 역으로 '$\overleftarrow{\text{욕망}}$'의 작용에 의해, **발생한 것**을 기억하지 **못하는** 내담자는, 그리고 '$\overrightarrow{\text{기억}}$'의 작용에 의해 발생하지 **않은** 것을 **기억하는** 내담자는 '환각증hallucinosis' 이라는 동일한 기본 집단에 속하는 것으로 간주되어야 한다." (비온, 『제2의 사고, 눈출판그룹, 252~253쪽)

리에게 보여주는 새로운 현상들에 대해 우리의 눈을 멀게 하며 새로운 해석의 가능성을 사전에 차단해버린다.[3] **휴지기**를 통해 변형되었지단 여전히 보존되어 있는 내담자의 원초적 흔적과 다성적 (불)협화음을 들을 수 있기 위해서는 또한 **"병리적 분열"**을 받아들임으로써 다수의 정점vertices에서 내담자의 진술과 행위를 사고할 수 있어야 한다. 이를 위해 비온은 '정상과 비정상'이라는 이분법, 그리고 '진단명'에 대한 과도한 몰두로부터 벗어날 뿐만 아니라, 더 나아가 환각(증), 또는 더 정확히 말하면 환각증 속에서의 변형transformation in hallucinosis을 직관적 정신분석의 중요한 요소로 간주할 것을 제안한 바 있다.

『두 논문 : 좌표와 휴지기』도 두 편의 논문으로 이루어진 소책자지만 매우 추상적으로 들리는 비온의 전체 저작 및 이론, 테크닉의 구체적 적용에 관심을 가진 독자들에게 많은 도움을 줄 것이며, 더 나아가 비온의 정신분석 테크닉만을 통해 경험할 수 있는 자기 분석의 어떤 다른 측면을 사고할 수 있도록 해줄 것이라고 믿는다.

2019년 12월 2일

역자

색 인

ㅂ

ㅅ